传播视阈下
中国文化外宣翻译研究

刘小玲 ◎著

图书在版编目 (CIP) 数据

传播视阈下中国文化外宣翻译研究 / 刘小玲著 . 北京 : 中国书籍出版社 , 2024. 8. -- ISBN 978-7-5068-9965-9

Ⅰ .K203；H059

中国国家版本馆 CIP 数据核字第 20246MV097 号

传播视阈下中国文化外宣翻译研究

刘小玲　著

丛书策划	谭　鹏　武　斌
责任编辑	张　娇　成晓春
责任印制	孙马飞　马　芝
封面设计	守正文化
出版发行	中国书籍出版社
地　　址	北京市丰台区三路居路 97 号 (邮编：100073)
电　　话	（010）52257143（总编室）　（010）52257140（发行部）
电子邮箱	eo@chinabp.com.cn
经　　销	全国新华书店
印　　厂	三河市德贤弘印务有限公司
开　　本	710 毫米 ×1000 毫米　1/16
字　　数	214 千字
印　　张	13.75
版　　次	2025 年 5 月第 1 版
印　　次	2025 年 5 月第 1 次印刷
书　　号	ISBN 978-7-5068-9965-9
定　　价	92.00 元

目　录

绪　论

一、研究现状

在全球化的浪潮中，中国正以其日益增长的国际影响力和日益频繁的文化、经济交流，向世界展示其独特的魅力。然而，在这一进程中，我国外宣翻译研究与实践却显得相对滞后，这在一定程度上制约了我国在国际舞台上的形象塑造和话语权的提升。因此，加强对外宣传翻译的研究与实践，提高翻译质量和效果，已成为摆在翻译工作者面前的一项重要任务。

在全球化的大背景下，国与国之间的竞争已不仅是经济和科技实力的比拼，更是文化软实力的较量。文化软实力作为一种内在的精神力量，对于提升国家形象、增强国际影响力具有举足轻重的作用。而外宣翻译正是文化软实力建设的重要一环，它承担着传递中国声音、讲好中国故事的重要使命。当前，我国外宣翻译面临诸多挑战。一方面，国际上关于话语权的争夺日趋激烈，这使我们在国际舞台上发声的难度加大；另一方面，由于外宣翻译研究起步较晚，我们在翻译队伍建设、成果产出、理论完善等方面还存在不少短板。

语言是文化的灵魂，是传递历史、价值观、信仰和生活方式的媒介。在全球化日益增强的今天，外宣翻译在跨文化交流中扮演着举足轻重的角色。要想使外宣翻译更加精准而高效，译者不仅要具备卓越的语言技巧，更要深谙源语和目标语的文化内涵。这种对文化的深刻理解，往往比单纯的语言能力更为重要。黄友义（2004）曾强调："外宣翻译不仅是一项技术活，更是一种艺术。"① 因为它直接关系着国家形象的塑造和

① 黄友义．坚持"外宣三贴近"原则，处理好外宣翻译中的难点问题[J]．对外大传播，2004（9）：4-6.

国际影响力的展现。每一个小小的错误或疏忽，都可能在国际舞台上放大，进而影响整个国家的声誉。因此，外宣翻译可以被视为一个国家对外交流能力和人文环境建设的缩影。在外宣翻译的过程中，译者的选择并非随心所欲。相反，他们需要根据译文读者的文化背景、语言习惯和接受心理进行权衡。这不仅需要译者拥有扎实的外语基础和语言转换能力，更需要他们具备深厚的文化修养和敏锐的跨文化意识。只有这样，译者才能确保译文既准确传达原意，又符合目标语读者的阅读习惯和审美标准。此外，对译入语文化环境的正确认识也是决定外宣翻译成功的关键。不同国家和地区有着不同的文化背景和社会环境，这些因素都会影响译文的接受度和传播效果。因此，译者在翻译过程中，必须充分考虑这些因素，依据必要的翻译原则，灵活调整翻译策略，确保译文能够真正被目标语读者理解和接受。

翻译作为语言之间的桥梁，承载着沟通不同文化和思想的使命。然而，由于语言结构和文化背景的差异，以及译者对双语双文化理解和翻译技巧掌握程度的不同，他们在翻译过程中常常遇到种种困难和挑战，这些都直接影响着翻译的质量。

从语言角度来看，汉语和英语之间存在着明显的差异。汉语属于汉藏语系，注重语义和语境，而英语属于印欧语系，注重形态和时态。汉语作为分析性语言，其语法结构相对灵活，而英语作为综合性语言，其语法结构则更为严谨。在书写系统上，汉语采用表意文字，而英语则使用字母文字。这些语言结构和书写系统的差异，使译者在翻译过程中需要不断调整和适应，以确保译文的准确性和流畅性。

从文化角度来看，中国和英美国家分别代表着东方文化和西方文化。由于历史背景、文化传统、风俗习惯、文化内涵、价值观念等方面的巨大差异，东西方之间的文化差异成为外宣翻译中的一大难题。美国著名翻译理论家奈达曾指出："对于真正成功的翻译，双语文化甚至比双语语言更重要，因为词语只有在其作用的文化背景中才有意义。"[①] 这一观点强调了文化在翻译过程中的重要性。因此，译者在进行外宣翻译时，不仅要考虑语言转换的准确性，还要充分考虑文化差异对译文的影响，以确保译文能够准确传达原文的意图和信息。

---

① Eugene A. Nida. *Language Culture And Translating*[M]. Shanghai: Shanghai Foreign Language Education Press, 1993: 6.

而在翻译理论的发展过程中，传播学理论为外宣翻译提供了新的研究视角和指导。传播学理论强调语言与文化之间的紧密联系，认为翻译不仅是语言层面的转换，更是文化层面的沟通和交流。该理论为外宣翻译提供了强大的解释力和指导作用，为外宣翻译提供新的研究视角和手段。

二、研究背景

自改革开放以来，我国在全球化的浪潮中逐渐崭露头角，与世界各国间的交流日益深化。在这样的背景下，外宣翻译作为展示中国形象、传播中国文化、阐述中国政策的重要窗口，其地位愈发凸显。然而，尽管外宣翻译的重要性不言自明，但相关研究却相对滞后，这在一定程度上制约了我国对外传播的效果。因此，加强外宣翻译研究、提升外宣翻译质量，成为当前亟待解决的问题。

翻译与传播在本质上具有紧密的联系。翻译不仅是语言的转换，更是信息的传递和交流。吕俊教授曾深刻指出："翻译的本质是传播，它涉及信息的解码、编码和再传播的过程。"[①] 而传播学着重研究信息的产生、传递和接收，探讨如何有效地进行信息交流。因此，将传播学的理论和方法引入外宣翻译研究，有助于我们更深入地理解翻译的本质，提高翻译的传播效果。

具体来说，传播学强调信息的准确性和受众的接受度。在外宣翻译中，我们应注重翻译内容的真实性和准确性，避免产生误解或歧义。同时，我们还应关注目标受众的文化背景和接受习惯，结合相应的翻译理论，依据必要的翻译原则，采用适当的翻译策略和方法，使译文更符合目标受众的阅读习惯和审美需求。

此外，传播学还关注信息的传播渠道和媒介。在外宣翻译中，我们应充分利用各种传播渠道和媒介，如互联网、社交媒体等，扩大译文的传播范围和影响力。同时，我们还应注重译文的可读性和可听性，使译文在传播过程中更易于被受众理解和接受。

总之，外宣翻译在全球化背景下的作用日益重要。为了更好地发挥外宣翻译的作用，我们需要加强相关研究，将传播学理论与外宣翻译研

① 吕俊．翻译学——传播学的一个特殊领域[M]．外国语（上海外国语大学学报），1997（2）：6.

究相结合，为外宣翻译提供全面、系统和具有实践意义的理论支撑和指导。只有这样，我们才能更好地向世界展示中国的形象、传播中国的文化、阐述中国的政策，为我国的国际交往和发展做出更大的贡献。

三、研究意义

跨文化传播学是传播学的一个重要分支或扩展领域，深入研究了不同文化背景下人们言语行为的独特特征及其在跨文化交际中的表现。这一学科理论为外宣翻译工作提供了宝贵的指导，特别是在处理中西方文化、社会形态等多方面的显著差异时，尤为重要。

在跨文化传播学视野下，外宣翻译不仅是语言的转换，更是文化的传递和情感的沟通。翻译人员需深入理解并精准把握汉英两种语言背后的文化内涵，以确保译文能够真实、准确地传达原文的意图，同时又能符合目标读者的文化背景和接受习惯。

随着我国国际地位的提升和文化软实力的增强，对外宣传成为展示国家形象、传播中华文化、阐述中国政策的重要途径。在这一背景下，跨文化传播学的理论对外宣翻译工作的指导作用愈发凸显。通过运用跨文化传播学的理论和方法，译者的外宣翻译作品能够更好地展现中国文化的魅力和价值，提升国家形象和文化软实力。

因此，我们需要高度重视对外宣传工作，制订长远规划，创新宣传方式方法，并大力提高外宣材料的编写和翻译质量。在外宣翻译中，我们不仅要注重语言的准确性，还要注重文化的传递和情感的表达。通过运用国外公众易于理解和接受的语言形式，我们可以提高国际传播的能力和效果，让世界更好地了解中国、认同中国、爱上中国。

此外，随着全球化的深入发展，跨文化传播学的应用领域也在不断拓宽。在外宣翻译中，我们可以借鉴跨文化传播学的最新研究成果，探索更加有效的翻译策略和方法。例如，通过深入研究目标受众的文化背景、价值观念、接受习惯等，我们可以更加精准地把握其需求，从而制定出更加贴近受众的翻译方案。

四、研究内容与框架

在全球化的浪潮下，文化的传播与传承已成为衡量一个国家软实力的重要标准。中国作为拥有五千年文明历史的国家,其文化的深厚底蕴和独特魅力亟待向世界展示。本书旨在探讨传播学视角下中国文化外宣翻译的策略与实践,旨在推动中国文化更好地走向世界。

第一章,新时代中国文化的传播与传承。随着中国特色社会主义进入新时代,中国文化的传播与传承也面临着新的机遇与挑战。本章将深入探讨中华优秀传统文化的内涵与价值,以及在新时代背景下,如何有效传播和传承中国文化,展现其时代魅力。

第二章,中国文化传播与传承的重要途径——外宣翻译。外宣翻译作为中国文化对外传播与传承的关键环节,其重要性不言而喻。本章将详细分析翻译与外宣翻译的关系,探讨外宣翻译在对外传播中的作用,并提出传播视阈下中国文化外宣翻译的原则与策略。

第三章,传播视阈下中国民俗文化外宣翻译。民俗文化是中华文化的重要组成部分。本章将重点研究饮食、服饰、建筑、节日等民俗文化的传播,结合交际翻译理论、翻译目的论、文化翻译观、翻译行为理论,分别阐述其翻译原则与策略,以期让世界更加了解中国的民俗风情。

第四章,传播视阈下中国社交文化外宣翻译。社交文化反映了中国人的交往方式和礼仪规范。本章将研究称谓语、敬谦语、委婉语、禁忌语等社交文化的传播,结合功能对等理论、功能目的论、语义翻译理论、交际语境理论、接受美学理论、跨文化交际理论等,分别探讨其翻译原则与策略,以展现中国人的交往智慧和礼仪之美。

第五章,传播视阈下中国经典文学艺术作品外宣翻译。经典文学艺术作品是中国文化的瑰宝。本章将探讨典籍作品、诗词曲赋、散文小说、音乐绘画等文学艺术作品的文化传播,结合多模态翻译理论、翻译选择适应理论、文化顺应理论、关联理论、文化翻译理论、"三美"论、语义翻译理论、翻译美学理论等,分别探究其翻译原则与策略,让世界领略中国经典作品的"精美绝伦"、中华文化的"绚丽多姿"、中国艺术的"博大精深"。

第六章,传播视阈下其他各类实用文本外宣翻译。除了文学艺术作品外,实用文本也是文化传播的重要渠道。本章将探讨旅游、公示语、广告、新闻等实用文本的文化传播,结合阐释翻译学理论、变译理论、生态翻译学理论、对等翻译理论、翻译目的论、交际翻译理论、关联理论、接受美学理论等,分别说明其翻译原则与策略,对中国文化进行"全景式"的展示。

本书将结合具体的翻译案例，依据必要的翻译理论，深入探讨各种文化元素的翻译原则、翻译策略与技巧，以期为中国文化的外宣翻译提供有益的参考和借鉴。通过这一研究，我们期望能够推动中国文化更好地走向世界，增强中国的文化软实力和国际影响力。

五、研究的创新之处

外宣翻译作为翻译学领域的一个跨学科且具有独特性的分支，目前尚未形成完善和系统的研究体系。本书旨在在以下几个方面取得突破。

首先，外宣翻译在提升国家“软实力”以及国际形象构建中占据重要地位。将外宣翻译提升至国家形象构建的高度进行研究，在学术界尚属首次。因此，本书对外宣翻译理论的进一步拓展不仅具有重要的学术意义，而且对国家形象塑造和传播理论研究也具有一定的指导意义。

其次，外宣翻译研究作为一个新兴领域，虽然逐渐受到学术界的重视，但现有的研究并不系统，多数研究仅从微观层面出发，侧重于技巧式和经验式的翻译实践总结，缺乏整体性和系统性。本书对中国文化多个层面的外宣翻译进行系统研究，是一种创新性的尝试，不仅具有学术价值，也丰富了传统翻译理论和实践的内涵。

此外，本书对外宣翻译的研究范围进行了重新界定。过去，学者们往往将外宣翻译归类为应用文翻译（如广告语翻译、公示语翻译）或“非文学翻译”。本书认为，任何带有明确对外宣传目的的翻译行为都应纳入外宣翻译的范畴，包括一定范围的文学翻译。这一观点为外宣翻译提供了新的研究视角。

最后，针对我国外宣翻译实践中出现的语言内错误和语言外错误，本书进行了系统的分类和分析，总结了外宣翻译的特点，并尝试性地提出了翻译策略。这些策略既包括宏观上的指导原则，也涵盖了与中国文化相关的多个内容的微观翻译技巧，旨在为中国文化外宣翻译的实践提供理论支持和指导。

六、研究的主要方法

在深入研究外宣翻译的过程中，本书采用了多种分析方法，包括概念分析、定性分析以及文本案例分析等,旨在全面而深入地探讨外宣翻译的内在规律和实际操作方法。本书对外宣翻译的概念和范畴进行了重新界定和分析。因为我们发现,国内已有的外宣翻译论著在对外宣翻译的概念和范围进行界定时,往往显得较为狭窄,且缺乏明确清晰的定义。因此,本书在深入研究的基础上,对外宣翻译的概念进行了重新解读,进一步明确了其范畴和内涵。同时,本书基于文化的分类,结合相应的翻译理论,进一步提出了翻译原则与策略,希望通过这些研究,能够为外宣翻译的实践提供有益的指导和启示,推动我国对外传播事业的进一步发展。

第一章　新时代中国文化的传播与传承

文化对于民族，犹如生命之于人民。中华优秀传统文化历经风雨而传承不断，蕴含着丰富的民族智慧与道德理想，集中展现了五千年中华民族的精神风貌，成为维系中华民族延续发展的根本与灵魂。一直以来，中华优秀传统文化受到党和国家的高度重视。特别是自党的十八大以来，在文化自信理念的推动下，弘扬中华优秀传统文化成为实现文化强国的必然选择，也成为关乎中华民族伟大复兴的重大课题。深入挖掘中国文化的内涵，丰富广大中国民众的精神世界，增强文化自信，成为当前的重要任务。本章基于文化与中华优秀传统文化的内涵，探究中国文化的价值意蕴、内容精髓及中国文化传播与传承的意义。

第一节　文化与中华优秀传统文化

一、文化

文化，作为一个深厚的学术概念，可以根据其核心内涵从双重角度加以阐释。《周易》是中国最古老的一部卜筮之书，《贲卦》是《周易》中的一卦，最早使用了“文化”一词，原文提到：“刚柔交错，天文也。文明以止，人文也。观乎天文，以察时变；观乎人文，以化成天下”[①]。由此可见，文化在此文中的解读是教化人和培养人。随着时间的推移，“文”与“化”这两字结合得更加紧密。例如，西汉时期的刘向在其作品《说苑》中阐明：“圣人之治天下，先文德而后武力。凡武之兴，为不服也，文化

① 姬昌．周易[M]．东篱子，译注．北京：北京时代华文书，2014：91-93.

不改,然后加诛。”[①] 从古代这些经典文献不难看出,古人认为应该以文化人、以文育人,这也反映了当时社会对于治理天下的理想和追求。在西方的语言体系中,文化为“culture”,此词转译为汉语后,主要涵盖了“文明、文化修养、栽培”等词义。因此,“culture”这一词汇在英文中不仅包含教化与文化涵养的概念,还融入了对文化个体的认识。

马修·阿诺德(Matthew Arnold)是19世纪英国的重要文化评论家、诗人、教育家,他对于“文化”的界定是历史上最经典的定义之一。他认为文化是“追求我们的整体完美”和“对知识的研究,用于完善我们的自然、消除我们生活中的粗鄙无知”,此论述揭示了文化作为动词时的深远意义。[②]《辞海》(2020年版)中对文化的界定有广义与狭义两种解释维度。在宏观的维度上,文化被解读为人类创造的物质和精神两方面财富的集合,而在微观的维度中,更多地代表人类所产生的精神遗产,并为个体提供行为指引。[③]

在对广义文化的理解上,早在20世纪初,社会学家已经对其进行了深入的探讨,指出文化不仅是一个民族的社会传统遗产,也是该民族物质财富与精神财富的结合。具体而言,涵盖了一个民族创造的物质文明,如手工艺品、交易商品以及在其历史演变中累积的精神遗产,如固有的行为模式、认知体系、价值观念、艺术创作与宗教信仰。除此之外,文化行为如教育,也为文化的构成提供了重要内容。文化可被理解为人类生活的多种表现形式及其创新的物质与精神产物,这种定义旨在从宏观的视角描述文化,强调其包含物质与精神两大方面,而且是在实践中形成的,与社会演进相辅相成。成中英(Cheng Chung-Ying)是一位美国夏威夷大学的教授,也是现代新儒家的代表人物之一,他精炼地指出:“文化是人类的生活、活动或活动所表现的形式。”[④] 同样,周洪宇、程启灏、俞怀宁等在其论文《关于文化学研究的几个问题》中,也对文化做了广义的解读,进一步阐明了文化在不同领域中的多重作用,以及其可

① 刘向.说苑 下[M].萧祥剑,注译.北京:团结出版社,2021:518-548.

② 马修·阿诺德.文化与无政府状态:政治与社会批评[M].北京:生活·读书·新知三联书店,2008:36.

③ 上海辞书出版社.辞海[M].上海:上海辞书出版社,2020:1303.

④ 成中英.文化·伦理与管理 中国现代化的哲学省思[M].贵阳:贵州人民出版社,1991:6.

能诱导的多样文化现象。[①]另外，张岱年、程宜山在《中国文化与文化论争》中提到文化是人类在处理与世界的关系时所展现的精神与实践活动，以及这些活动所孕育出的物质与精神成果，体现了活动方式与成果之间的辩证关系。[②]

在对狭义文化的探讨中，美国学者爱德华·伯纳特·泰勒（Edward Burnett Tylor）是19世纪的人类学家，通常被誉为现代人类学的创始人，是文化进化论的早期倡导者，他的主要作品是1871年出版的《原始文化》（*Primitive Culture*）。在这本书中，他介绍了"文化"的定义，这一定义对后来的学者产生了深远的影响，他认为文化或文明乃是包括知识、信仰、艺术、道德、法律、习俗和任何人作为一名社会成员而获得的能力和习惯在内的复杂整体。[③]

艾尔弗雷德·克罗伯（A. L. Kroeber）和克莱德·克拉克洪（Clyde Kluckhohn）在《文化：概念和定义的批判性回顾》一书中经过深入分析西方流行的160种文化定义后指出："文化由外显的和内隐的行为模式构成。"[④]

英国现代人类学家马林诺夫斯基（Bronisław Malinowski）指出："文化是包括一系列工具及一系列风俗，或人体的或心灵的习惯。"[⑤]我国学者梁漱溟则精辟地指出："文化即某一民族的生活方式，是该民族生活的样法。"[⑥]

本书作者主要从狭义层面来论述文化，即文化是一个社会或群体在长期发展过程中形成的一种生活方式和价值观，它包括了人们的思想、信仰、行为、习惯、艺术、科学等各个方面。文化的内涵非常丰富，其中民俗文化、社交文化、饮食文化、服饰文化、建筑文化、节日文化等都是文化的重要组成部分。这些内容会在后面的章节中做详细论述。了解和传承这些文化，有助于我们更好地认识自己，以增强民族凝聚力和文化自信。

---

① 周洪宇，程启灏，俞怀宁，等．关于文化学研究的几个问题[J]. 华中师范大学学报（人文社会科学版），1987（6）：12.

② 张岱年，程宜山．中国文化论争[M]. 北京：中国人民大学出版社，2006：27.

③ （英）泰勒．原始文化[M]. 蔡江浓，编译．杭州：浙江人民出版社，1988：1.

④ Kroeber A. L., Kluckhohn C. Culture: A Critical Review of Concepts and Definitions[M]. Cambridge: Peabody Museum, 1952: 47.

⑤ （英）马林诺夫斯基．文化论[M]. 费孝通，译．北京：中国民间文艺出版社，1987：1.

⑥ 梁漱溟．中国文化的命运[M]. 北京：中信出版社，2016：108.

二、中华优秀传统文化

传统是一个社会的文化遗产，是延续三代以上、继续影响当代人生活的，并被赋予当代价值和意义的文化。这个定义强调了传统的延续性和当下性。延续性意味着传统是从过去延传到现在的事物。

文化传统与传统文化二者是互动的关系。人们普遍认为，任何文化传统都是在传统文化的背景中塑造出来的。而在没有传统文化的背景下，文化传统的形成是不可能的。然而，这并不意味着每一种传统文化都能随着时间的积累和传承而逐渐演化为文化传统。因此，文化传统的定义较为狭窄，而传统文化涵盖的领域更加广泛。更进一步地，文化的持续演进可以被视作一个过程，即将固化的传统文化通过时代的重塑和融合，转化为鲜活的文化传统。如果缺乏这样的转化，某些文明的传统文化可能会逐渐凋零，甚至会完全消失。例如，汤因比在其著作《历史研究》中指出：古代叙利亚、米诺斯、古代苏末和古代巴比伦等文明，因未能有效地演化为"文化传统"而渐次消亡。"[①] 因此，必须明确传统文化与文化传统二者之间是相互关联且不可分割的，在推进中华优秀传统文化的创造性转化及持续发展这一议题中，不仅凸显了传统文化的稳定性和持久性，同时暗示了文化传统的动态性与变迁性。转化和发展并不是简单地将过去的文化遗产加以改造，而是将其中包含的"现代性"激活，并使其在当代文化中继续施展其影响力，进一步在不断地演化、整合、聚合和合并中，促进中国文化的前进脉动。

在五千多年的历史演进中，中华民族铸就了优秀的文化传统，这一文化不仅是中国人民智慧与劳动的凝结，还在其成长中融汇了外部文化的优秀元素，进而推动其深入演化。然而，中华传统文化的主干是在封建时代下构建的，难免会受到当时社会结构和知识水平的影响，其中也蕴含了一些已不适应现代的观念。在对待这一传统文化时，应提炼其核心价值，摒弃那些不再适宜的部分，并对其进行现代化的调整与革新，以持续引领新文化的创造与发展。在长期的历史演进中，中华传统文化逐渐积累并凸显出其价值，为中华民族和世界文明进程注入了宝贵的力量。这一文化不仅对培养个人道德品质、提升国家及民族的凝聚力起到

① （英）阿诺德·汤因比．历史研究（插图本）上［M］．刘兆成，郭小凌，译．上海：上海人民出版社，2019：115.

至关重要的作用，还对维护国家的一致性、增进民族的团结关系以及为中华民族伟大复兴营造稳固的社会基础具有深远意义。中华传统文化也构成了中国特色社会主义文化的核心部分，为中华民族在全球文明的波涛中奋勇前进提供了坚实的文化支撑。进一步强化中华传统文化的教育能促进民族的自信和自尊，为中华民族持续发展注入持续的精神动力。

而对于对中华优秀传统文化的定义，很多专家学者通过概念抽象或具体罗列等方式进行了比较全面的阐述。其中被广泛认可的一种阐述即中华传统文化中的精华部分就是中华优秀传统文化。在中华传统文化的庞大体系中，这一形容词指的是“优秀的”或“杰出的”。因此，中华优秀传统文化可以理解为中华传统文化中的杰出和积极元素。而此“优秀”并非单纯的“好”，是指那些能够促进社会进步、和谐发展并适应时代变迁的文化精髓，如在治国理政的智慧中，《尚书》载：“民为邦本，本固邦宁”[①]，明确地指出人民是国家的基石，只有人民安宁，国家才能稳固。再如，《道德经》中所述：“人法地，地法天，天法道，道法自然。”[②]这表明，古代的哲人强调人们的行为应与自然相协调，顺应客观规律，实现人与自然的和谐，体现天人合一的哲学观点，为今日我国的生态文明和现代化建设指明了方向。简言之，中华优秀传统文化就是那些在历史长河中应时代需要产生，至今仍对现代社会发挥积极作用的文化遗产。所以，我们有责任继续推广和传承这些宝贵的文化遗产。具体来说，一是弘扬传统美德。中华优秀传统文化强调“仁、义、礼、智、信”等社会主义核心价值观，这些美德对于个人修养和社会和谐具有重要意义。在现代社会，我们应继续传承这些美德，让更多的人受益于传统文化的智慧。二是倡导绿色发展。中华优秀传统文化注重人与自然的和谐共生，提倡节约资源和保护环境。在当前全球生态环境恶化的情况下，弘扬这一理念有助于推动绿色发展，建设美丽中国。三是传承工艺技艺。中华优秀传统文化包含丰富的工艺技艺，如剪纸、陶瓷、绣品等，这些技艺彰显了中华民族的智慧和创造力。我们应将这些技艺传承下去，为现代文化创意产业提供源源不断的灵感。四是推广文学艺术。中华优秀传统文化拥有丰富的文学、音乐、舞蹈、戏剧等艺术形式，这些艺术作品传达

① 孔子．尚书[M]．长春：吉林文史出版社，2017：34-38.
② 老子．道德经[M]．上海：上海古籍出版社，2023：96.

了人们对美好生活的向往。我们应积极推广这些艺术形式，丰富人们的精神文化生活。五是强调家庭教育。中华优秀传统文化注重家庭教育，提倡亲子关系和谐。在现代社会，我们应继续弘扬这一理念，为家庭和谐、社会稳定奠定基础。六是倡导社会公平。中华优秀传统文化强调社会公平、正义，提倡扶贫济困。在当前社会存在贫富差距的背景下，弘扬这一价值观有助于实现社会公平，构建和谐社会。七是弘扬爱国主义。中华优秀传统文化强调爱国主义，提倡忠诚担当的精神。在新时代，我们应继续弘扬这一精神，为实现中华民族伟大复兴贡献力量。八是倡导全球合作。中华优秀传统文化强调世界大同、和合共生，提倡国际合作。在全球化背景下，我们应发扬这一理念，推动构建人类命运共同体。

总之，新时代，我们要深入挖掘中华优秀传统文化的内涵，将其与现代社会相结合，为推动社会进步、构建美好未来贡献力量。我们要继续弘扬传统美德，倡导绿色发展，传承工艺技艺，推广文学艺术，强调家庭教育，倡导社会公平，弘扬爱国主义，以及倡导全球合作等方面，让中华优秀传统文化在现代社会焕发出新的生机和活力。

第二节　中国文化的价值意蕴

一、哲学价值

中国文化源远流长、博大精深，其中蕴含的深刻哲学思想无疑是其精髓所在。儒家、道家、佛教等多元的思想体系，犹如一颗颗璀璨的明珠，闪耀在中国文化的长河之中。这些哲学思想不仅深刻影响着中国人的思维方式和生活态度，更对人类文明产生了深远的影响。

儒家思想强调仁爱，提倡以仁为核心的人际关系。孔子曰："仁者爱人"，这意味着人与人之间应和谐相处，关爱他人，尊重他人。儒家还强调的五常伦理观念，如父慈子孝、兄友弟恭等，塑造了中国传统社会的道德规范，使家庭更为和睦、社会更为和谐。

道家思想主张顺应自然，追求天人合一的境界，认为顺应道便能无为而治，达到身心和谐，国家太平。道家的这种自然观念不仅影响了中国人的世界观，还在文学、艺术等方面有明显体现。道家哲学对人类文明的重要贡献在于，它倡导人们尊重自然，保护环境，与自然和谐共生，这对当今世界的可持续发展具有重要的启示。

佛教提倡的慈悲为怀、普度众生，使无数信徒传播爱心，为世界带来和平与安宁。佛教传入中国后，与中国传统文化相融合，对中国文学、艺术、建筑等领域产生了深刻影响。

可见，中国文化中深刻的哲学思想，即儒、道、佛三家的核心观念，既是中国文化的瑰宝，也是人类文明的瑰宝。这些哲学思想为我们提供了处理人际关系、人与自然关系、人与社会关系等方面的智慧，对当今世界具有重要的指导意义。我们应该继续挖掘和传承这些宝贵的文化资源，为构建和谐社会、促进人类文明的发展贡献力量。

二、时代价值

中国文化源远流长、丰富多彩。在不同的历史时期，它以独特的表现形式和价值取向展现出了鲜明的时代特色。传统文化都是在特定历史时期根据当时社会的特点和需求应运而生的，它们犹如一面镜子，折射出了中国文化的时代精神和发展趋势。例如，古代礼仪文化和古典文学等。

古代的礼仪文化是我国传统文化的重要组成部分。在封建社会，礼仪是维护社会秩序、规范人际交往的重要手段。礼仪文化强调孝道、忠诚、仁爱、谦逊等美德，体现了古代社会尊重长辈、重视家族、讲究等级的特点。随着时间的推移，礼仪文化逐渐发生演变，融入了民间习俗和宗教信仰，形成了独具特色的传统文化。

明清小说是中国文学的瑰宝。这一时期的小说创作呈现出空前繁荣的景象，如《红楼梦》《西游记》《水浒传》等名著，它们以生动的故事和鲜活的人物展现了当时社会的风貌。这些小说一方面反映了社会矛盾和民间疾苦，另一方面也抒发了作者对美好生活的向往。明清小说以其独特的艺术魅力和历史价值，成为中国文化的重要组成部分。

总之，中国文化的演变历程就像一幅丰富多彩的画卷，每个时期都有其独特的文化符号和时代精神。在新时代背景下，我们要继续弘扬优秀传统文化，不断推陈出新，让中华文化在世界舞台上绽放光彩。

三、人类文明价值

中国文化在人类文明史上具有重要地位,这是举世公认的事实,其在科技、艺术、文学等领域的独特贡献不仅是中华文明的精髓,更是人类文明宝库中的瑰宝。其中,最为著名的当数被誉为四大发明的创新成果以及唐诗宋词、山水画等艺术瑰宝。

四大发明,即造纸术、指南针、火药、印刷术,是我国古代科技创新的智慧结晶。它们的出现对中国古代的政治、经济、文化的发展产生了巨大的推动作用。造纸术的发明极大地促进了文化的传播和保存,使知识的传播不再受制于有限的书写材料。指南针的发明为我国的航海事业提供了关键技术,推动了我国海上贸易的繁荣。火药的发明不仅推动了军事技术的发展,也在一定程度上促进了民间的烟火技艺。印刷术的发明更是极大地推动了图书出版事业的发展,使知识的传播更为广泛和快捷。

在文学艺术方面,唐诗宋词是中国古代诗歌的瑰宝,它们以优美的诗句和深远的意境描绘了中国古代社会的风貌和人们的生活情感。山水画则是我国绘画艺术的独特流派,以其独特的表现手法和审美观念,展现了我国自然风光的美丽和人文精神的内涵。

这些独特的贡献不仅丰富了中国文化的内涵,也对世界文明产生了深远的影响。四大发明的技术和理念通过各种途径传至西方,推动了世界科技的发展。唐诗宋词等文学作品则为世界文学史增添了浓墨重彩的一笔。山水画等艺术形式也为世界艺术史留下了宝贵的财富。

四、精神价值

中华文化历经数千年的演变和发展,不断地积累和沉淀,已经形成了独特的民族特色和基本价值。这些基本价值深入人心,成为中华民族的精神命脉,对民族的思想、行为产生了深远的影响,使我们在世界民族之林中独具一格。

中国文化的基本价值体现在中华民族崇尚和谐包容的哲学思想上。这种哲学思想深入人心,使中华民族形成了宽容、谦和、友善的品格,成为我国处理人际关系、解决矛盾冲突的重要原则。中国文化的基本价值体现在敬畏自然、尊重生命的生态伦理上。这种生态伦理观念世代传承,使我国在环境保护、可持续发展等方面取得了世界瞩目的成就。

中国文化的基本价值体现在忠诚、敬业、爱国的道德情操上。自古以来,中华民族就把忠诚视为最高的道德品质,强调忠诚于国家、忠诚于民族、忠诚于事业。同时,敬业精神和爱国情怀也是我国传统文化的重要组成部分,激励着一代又一代人为国家繁荣富强、民族振兴而努力奋斗。

中国文化的基本价值还体现在崇尚礼仪、仁爱的社会风尚上。中华民族素有“礼仪之邦”的美誉,强调孝敬、尊敬、友爱等传统美德,形成了独特的家庭观念和社会伦理。同时,仁爱思想也贯穿于我国传统文化的方方面面,提倡关爱他人、助人为乐,彰显了中华民族的大爱精神。

综上所述,中国文化的价值意蕴不仅体现在其哲学思想和精神追求上,还体现在其对人类文明的贡献以及对社会和个人行为的深刻影响上。在新时代背景下,我们要继续弘扬这些优秀传统文化,为实现中华民族伟大复兴的中国梦而努力奋斗。

第三节　中国文化的内容精髓

一、源远流长的语言文字

文字与语言在人类文化中占据关键地位,它们不仅为文化提供了一个传递和继承的媒介,也是文化的核心要素。汉字与中华文化之间的纽带特别紧密,其对中华文化的继承、弘扬和进一步发展都作出了显著贡献。作为中国的官方语言,汉语拥有着深厚的历史底蕴。汉语的出现象征着中华文化的诞生,而汉字的产生则标志着中国文化从“史前时期”迈向“有史时期”。汉字不仅是中华民族智慧的产物,更是中华文明众多象征中的瑰宝,其独特而优雅的形态中融入了中华民族深沉的历史、璀璨的哲思和丰饶的情怀。

作为世界上最古老的文字之一,汉字承载着中华民族悠久的历史和文化。而中国书法作为汉字的艺术表现形式,更是将汉字的韵味和神韵展现得淋漓尽致。随着全球化的推进,汉字和文化传播的范围逐渐扩大,如何将这笔墨之间的艺术完美地呈现在世界舞台上,成为外宣翻译工作者们面临的挑战。

二、丰富多彩的文学艺术

在五千年的中华历史文化中,传统文学艺术展现了独特的魅力与价值,如同中华优秀传统文化高原中的一座巍峨之峰。衡量一个民族取得的文学艺术成果,可以以其是否丰富多彩以及是否具备变革的特性为准绳,基于这一标准,中华民族在长达数千年的时间里,在文学艺术领域所获得的辉煌成就无疑令世界各国和其他民族为之赞叹。然而,古代中国在艺术领域的各个分支并不是同等的。评价其重要性,本书认为文学居于首位,随后是绘画与书法,其后是建筑和雕塑等。以下将对中国传统文学艺术的关键领域进行简要的探讨。

(一)文学

根据史籍的资料,中国的传统文学已有逾3000年的发展历程。观其演进,可以明确地划分为四个主要时代:文学的初创时期、词的繁盛时期、理论文的兴起阶段以及词与理论文齐头并进的时代。每个时代,中国的传统文学都呈现出“一代胜于一代”的特色。在这漫长的历史中,从先秦的《诗经》和《楚辞》,到诸子的散文,以及汉代的赋、魏晋的诗篇、唐代的诗歌、宋代的词、元代的曲艺、明清时期的小说,各式文学形态逐一显现,相继独领文坛,共同织成了一部令人震撼的文学历史长卷。值得注意的是,在众多文学样式中,诗歌始终被视为最早兴起且最为繁荣的一种文学形式,它一直被视为中国传统文学的核心。

(二)书法

在中华文化背景下,书法不仅反映了个体的美学追求,更是宇宙美的体现。根据字体的不同,中国书法可被划分为篆、隶、楷、草、行五种主要风格。其中,篆书继承了古代象形文字的形态,并进一步细分为大篆和小篆。隶书的特点是稍显宽扁,展现出一种庄严的气质。楷书则因其结构方正和笔画整齐而受到尊重。草书以其简洁的结构和流畅的笔触,呈现出自由奔放的特性。行书则既具有实用价值,又有审美意趣。书法不仅是墨迹留于纸上的艺术,它与书写者的心灵流动、情感传达都息息相关。书法与中国的“道”有着不可分割的联系,都源于对“自然”的观察与领悟。

(三)绘画

中国的绘画艺术起源于古代的象形文字,可追溯至上古的彩陶及青铜纹饰。鉴于书画均以线条为核心,它们彼此之间有着紧密的关联,因此有学者认为绘画可视为书法的一种延伸。自古以来,绘画作品就是文化传承的重要载体。许多古代绘画作品,如《清明上河图》《千里江山图》等,通过细腻的笔触和丰富的画面,展现了当时的历史、地理、风土人情等信息。这些作品不仅具有极高的艺术价值,更是后人了解古代文化的重要窗口。绘画艺术的发展对中国文化产生了深远的影响。同时,绘画作品的传播也推动了文化的交流与融合,使中国文化艺术在世界范围内产生了广泛影响。

(四)建筑

相较于西方以石材为主的建筑风格,古代中国的建筑结构大多应用木材而建。关于这一选择背后的原因,学界尚无确切共识。从《诗经》中的“如翚斯飞”与“作庙翼翼”可推断,早期的木结构建筑不仅规模宏大,而且强烈地体现了审美价值。这种建筑在设计初期便注重整体布局,目的是实现建筑群的有机整合,而不仅是单一形式的构建。美学家李泽厚认为,中国古建筑之所以能展现出“结构方正、逶迤交错、气势雄浑”的特质,是由于中华民族理性思维方式的实践。古代中国建筑融入了中华民族独特的文化气质和哲学内涵,这使其与希腊神庙、伊斯兰建筑和哥特式教堂存在明显的差异。

(五)雕塑

在中国古代丰富多彩的文化历史长河中,雕塑艺术以其深厚的历史底蕴和独特的文化价值，尽管一度被视为建筑艺术的一部分而未独立成形，但其重要性不容忽视。雕塑艺术在中国古代文化中的独特地位通过各个历史时期的杰作得以彰显。河姆渡文化时期的陶土塑造，夏商周时期青铜器上精美的纹饰，封建社会的秦始皇陵兵马俑，唐代昭陵的六骏雕像，还有龙门石窟的卢舍那大佛，敦煌莫高窟内被誉为“东方维纳斯”的唐代彩塑观音，以及常见于宫殿、寺庙等建筑上的装饰雕塑，都以精湛的工艺和深刻的文化内涵，展示了中国古代雕塑艺术的辉煌成就。

（六）音乐

在古代中国文化中，礼乐文化占有举足轻重的地位，它所彰显的正是中华文化的社会主义核心价值观——和谐。孟子在《孟子·离娄上》中说：“不以六律，不能正五音。”[①] 这里的“六律”指的是周朝官学中的“礼、乐、射、御、书、数”之中的“乐”；而“五音”指的是中国自有的五声音阶体系，即“宫、商、角、徵、羽”。《史记·孔子世家》记述孔子在齐国的时候，“与齐太师语乐，闻《韶》音，学之，三月不知肉味”。这展现了孔子对乐的热爱和深度研究。总体上，礼和乐在古代中国文化中的互动和融合，不仅是文化的表现，更是中华文化和谐理念的具体体现。

第四节　中国文化传播与传承的重要意义

在悠久的历史长河中，中华优秀传统文化以其顽强的生命力历经曲折，至今仍然闪耀着璀璨的光芒。这份文化遗产不仅承载着中华民族五千多年的智慧与情感，更在现代社会中发挥着不可替代的作用。中华文化的传承如同一条蜿蜒曲折的河流源远流长。从古代的甲骨文、《诗经》、易经，到现代的诗词、书画、音乐，中华文化在不断地发展与演变中，形成了自己独特的风格和魅力。这种魅力既体现在对自然、人生、社会的深刻洞察上，也体现在对道德、伦理、艺术的独到见解上。

---

① 孟子．孟子[M]．哈尔滨：北方文艺出版社，2019：146．

在历史的长河中，中华文化以其深邃的内涵和博大的胸怀，引领着中华民族不断向前。在现代社会，中华优秀传统文化的价值愈发凸显。在经济全球化的大背景下，文化成了一个国家、一个民族的重要标识。中华优秀传统文化所蕴含的智慧和情怀，不仅为我们提供了丰富的精神食粮，更成为我们与世界对话的重要桥梁。例如，儒家的“仁爱”思想不仅在中国社会中得到了广泛传承，更在国际社会中产生了深远影响。这种思想强调人与人之间的关爱与和谐，为构建人类命运共同体提供了有力的思想支持。同时，中华优秀传统文化对于现代社会的启示和指导意义不容忽视。在面对诸如环境污染、道德沦丧等现代问题时，传统文化中的“天人合一”“德治天下”等理念为我们提供了独特的解决方案。这些理念强调人与自然的和谐共生，以及道德伦理在社会治理中的重要作用，为我们解决现代问题提供了宝贵的思想资源。

总之，中华优秀传统文化是中华民族的精神支柱和文化瑰宝。在现代社会中，我们更应该深入挖掘和传承这份宝贵的文化遗产，让其在新的历史条件下焕发出更加绚丽的光彩。同时，我们也应该积极将这份文化遗产推向世界，让中华优秀传统文化在全球化的大潮中绽放出更加璀璨的光芒。

一、促进中华文明传承发展的内在要求

中华优秀传统文化是中华民族的瑰宝，也是人类文明的重要组成部分，其传承与演变犹如一条长河，波澜壮阔，丰富多彩。历经数千年的演变和发展，中华优秀传统文化逐渐形成了一套独特的价值观念和精神内涵，既包括了对天地自然的敬畏，也包括了对人际关系、社会秩序的尊重。这种敬畏和尊重使中华文化具有了强烈的生命力和适应性。

在历史的长河中，中华优秀传统文化不断适应环境变迁，创新发展。无论是封建社会的兴衰，还是近代以来的现代化进程，中华文化都能与时俱进，吸收并融合新的文化元素。这种开放包容的态度使中华文化得以不断丰富和提升。同时，中华文化还具有强烈的自我更新能力，能够自我反思，吸取过去的经验教训，从而使文化更加完善。这种自我更新和反思的能力使中华优秀传统文化始终保持着旺盛的生命力。另外，在吸收外来文化方面，中华优秀传统文化博采众长，始终坚持取其精华、去其糟粕，使自身得以不断发展壮大。

总之,中华文化是一个不断演变、不断创新、不断丰富的文化体系,它蕴含了中华民族的智慧,体现了中华民族的精神风貌。

二、提升中华文化软实力的重要抓手

当前,全球社会正经历前所未有的变革,我国也面临着前所未有的历史机遇与挑战。在全球化的大背景下,传播与传承中华优秀传统文化,可以不断提升国家文化软实力和中华文化影响力及国际地位。

中华优秀传统文化是我国文化软实力的基石,其中所蕴含的丰富文化理念、人文情怀与哲学思想,对现在和未来的文化发展具有重要意义。这些宝贵的文化资源不仅为我们提供了独特的文化身份认同,也为我们的文化创新提供了源源不断的灵感。

首先,我们深入研究中华优秀传统文化的内涵与特点,能够更好地理解传统文化的内在逻辑和体系,为当代文化创新提供理论支撑。其次,我们在传承基础上传承中华优秀传统文化,能够把传统文化中的优秀元素融入当代文化创作,使之成为新时代的文化符号。另外,我们加强中华优秀传统文化的国际传播,通过文化交流、文化传播、艺术交流等多种形式,以中华优秀传统文化为纽带,加深与世界各国人民的友谊和理解,让世界了解和认可中华优秀传统文化,能够提升我国在国际文化舞台上的影响力,能够为构建人类命运共同体贡献力量。

总之,在新时代背景下,我们充分认识中华优秀传统文化的重要性,深入研究、传承发展、创新创造,从而推动我国文化软实力的提升,构建符合新时代发展要求的中国特色社会主义核心价值体系。这是我们肩负的历史使命,也是我们为实现中华民族伟大复兴而团结奋斗的方向。

三、奠定社会主义核心价值观的文化基石

2014 年 5 月,习近平总书记在与北京大学生的一次亲切交流中深刻指出,“中华文明绵延数千年,有其独特的价值体系。中华优秀传统文化已经成为中华民族的基因,植根在中国人内心,潜移默化影响着中国人的思想方式和行为方式。今天,我们提倡和弘扬社会主义核心价值观,必须从中汲取丰富营养,否则就不会有生命力和影响力。”这一观点不仅揭示了两种文化价值体系的内在联系,也强调了它们在当今时代背

景下的重要性和必要性。

中华优秀传统文化作为中华民族的精神瑰宝,历经数千年的沉淀与传承,其深厚的文化底蕴和独特的价值体系,早已深深植根于每一个中华儿女的血脉之中。这一文化体系以其博大精深的智慧和独特魅力,不断影响着我们的行为选择、思维方式和价值理念,成为我们民族精神的重要支撑。社会主义核心价值观作为新时代我国社会发展的精神旗帜,其内涵丰富、意义深远。它不仅是国家和社会发展的价值导向,更是我们每一个公民应当遵循的行为准则。这一价值观的形成与发展离不开对中华优秀传统文化的继承与发扬。

在新时代的背景下,我们要重视中华优秀传统文化的传承与创新,深入挖掘其内在价值,将其与社会主义核心价值观相结合,才能使其在新时代焕发出更加绚丽的光彩。

总之,中华优秀传统文化在新时代的传承具有重要意义。我们应该珍视和传承这一宝贵的文化遗产,以推动我国社会的发展与进步。同时,我们也应该积极参与到中华优秀传统文化的创新与发展中,为中华民族的文化繁荣做出自己的贡献。

第二章　中国文化传播与传承的重要途径——外宣翻译

外宣翻译在中国文化传播与传承中扮演着至关重要的角色。它不仅是一种语言转换的艺术,更是一种文化交流的桥梁。通过精准、生动的翻译,中国的文化瑰宝得以跨越国界,使世界各地的人们得以了解其深厚底蕴和独特魅力。外宣翻译工作涉及诸多方面,包括历史、文学、哲学、艺术等多个领域,它要求译者不仅具备扎实的语言功底,还要对中国文化有深入的了解和独到的见解,只有这样才能在准确传达原意的同时,让译文充满活力和感染力,吸引更多外国读者的关注和喜爱。在全球化大背景下,外宣翻译的重要性愈发凸显。随着中国与世界的交流日益频繁,越来越多的外国友人渴望了解中国的历史、文化和社会,外宣翻译正是满足这一需求的最佳途径。通过优秀的翻译作品,中国的故事得以在世界范围内广泛传播,为增进国际社会对中国的理解和认同作出了积极贡献。本章作为外宣翻译的切入点,对外宣翻译的内涵以及与中国文化对外传播与传承的关系进行探讨,并分析传播视阈下中国文化外宣翻译的原则与策略。

第一节　翻译与外宣翻译

一、翻译

（一）翻译的定义

《辞海》和《汉语大词典》对翻译的定义是“把一种语言文字的意义用另一种语言文字表述出来”。翻译是将一种语言中的文字或口头表达转换为另一种语言中的等效表达，这个过程不仅是简单的词汇替换，而是涉及语言、文化、语境等多个方面的综合考量。

翻译作为一种跨语言、跨文化的交流方式，在人类社会中扮演着重要的角色。无论是国际交流、商务合作，还是学术研究、文化交流，翻译都发挥着不可或缺的作用。翻译不仅能够帮助人们打破语言障碍，增进相互理解，还能够促进不同文化之间的交流与融合，推动人类文明的发展。

（二）翻译的标准与原则

人类的思维千头万绪，语言活动五花八门，翻译材料各种各样，这就决定了语言翻译活动范围的广阔性和多样性。而且，无论什么样的思想只有在语言材料的基础上才能存在，所以这就对再现另一种语言的翻译工作提出了严苛的要求，而为满足这种要求而提出的标准与原则，就是翻译标准与原则。

翻译标准与原则是指导翻译实践的准绳。无论是对翻译理论的探讨，还是对翻译实践的探索，翻译标准与原则都是众多学者关注的焦点。从三国时期支谦的“循本旨，不加文饰”，到东晋时期道安的“五失本”“三不易”，再到唐朝玄奘的“既须求真，又须喻俗”；从近代马建忠的“善译”，到严复的“信、达、雅”；从现代林语堂的“忠实标准，通顺标准，美的标准"，到傅雷的"神似"说和钱钟书的"化境"说，从许渊冲的"优势竞赛论"，到辜正坤的"翻译辨准多元互补"，这些看似简单但蕴含深意的论说为翻译实践指明了方向。

本书认为有关翻译标准和原则的各种论说，其实质都是我国清末启蒙思想家严复提出的"信、达、雅"。"信"指意义不悖原文，即译文要准确，不偏离，不遗漏，也不要随意增减意思；"达"指不拘泥于原文形式，译文通顺明白；"雅"则指译文选用的词语要得体，追求文章本身的古雅。

二、外宣翻译

（一）外宣翻译的定义及特点

1. 外宣翻译的定义

外宣工作作为展示国家形象、传播文化价值观的重要途径，其重要性不言而喻。在这一过程中，外宣翻译发挥着至关重要的作用，它不仅是语言的转换，更是文化的传递和思想的交流。外宣翻译是以"外宣"为连接，以中文为源语信息、外国语言为载体、网络和媒体等方式为宣传渠道，向外国读者传递源语信息的一种特殊翻译形式，旨在有效地将中国的声音传递给世界，让世界更好地了解中国，增进国际的相互理解和友谊。

张健教授在《外宣翻译导论》中指出："广义的外宣翻译包罗万象，涵盖所有翻译活动，任何类型的翻译都可以承载着一定程度的外宣任务，外宣翻译早已突破了狭义的以文学作品为媒介进行文化交流的范畴，即人们常说的'大外宣'的翻译概念。关于狭义的外宣翻译，张健教授认为翻译对象包括各种媒体报道、政府文件公告、政府及企事业单位的介绍、公示语等实用文体的翻译。"①

张立蓉、孟祥春提出，我们需要将大量的中国信息译成外文，并通过

① 张健．外宣翻译导论[M]．北京：国防工业出版社，2014：18.

图书、报纸、广播、网络、期刊、多媒体以及国际会议等各种方式，向世界展示和传播中国的风采。这就是外宣翻译的使命。①

曾利沙进一步指出，外宣翻译的核心在于传递客观事实，其主要目标是实现对外宣传的社会效应，而非过分强调文字符号的个性特征或美学意义。这一观点为我们理解外宣翻译提供了重要的视角。②

2. 外宣翻译的特点

外宣翻译作为一种特殊的翻译形式，具有独特性和规律。首先，它强调翻译的准确性，要求译文不仅要忠实于原文的内容，还要在语义、语境等方面做到精确无误。其次，外宣翻译注重翻译的传播效果，译文应该符合目标语言的文化习惯，易于读者理解和接受，从而更好地实现宣传效果。此外，外宣翻译还要兼顾时效性，快速准确地传递最新信息，保持信息的实时更新。

综合上述观点，我们可以从以下几个方面对外宣翻译进行深入的解读。

第一，外宣翻译是中国走向世界的必由之路，同时也是世界了解中国的重要窗口。它如同一座桥梁，连接着中国与世界，使二者能够更好地理解、交流和沟通。

第二，外宣翻译的主要对象是国外的受众。这意味着译者需要以国外的文化背景和阅读习惯为考量，确保翻译内容能够被国外读者理解和接受。

第三，外宣翻译的内容广泛，几乎涵盖了中国社会生活的各个方面。从政治、经济、文化到科技、教育、环保等各个领域，都需要通过外宣翻译向世界展示中国的多元性和全面性。

第四，外宣翻译的传播渠道和形式也多种多样。无论是传统的图书、报纸、广播，还是现代的网络、社交媒体、多媒体等，都可以成为外宣翻译的传播平台。这种多元化的传播方式使外宣翻译的影响力得以最大化。

① 张立蓉，孟祥春．对外宣传翻译：译“名”更要译“实”——政治性误译举隅与应对策略[J]. 苏州科技学院学报(社会科学版)，2007，(3)：132-136.

② 曾利沙．从认知角度看对外宣传英译的中式思维特征——兼论应用翻译技术理论范畴化表征与客观理据性[J]. 广西民族大学学报(哲学社会科学版)，2009，31(6)：175-179.

外宣翻译以建构国家形象为主要目的，以广泛的国外民众为翻译对象，以实用文本为翻译内容，以中译外为主要传播方向，以多元化的大众媒体为传播渠道。这一本质属性使外宣翻译与其他类型的翻译在目标和功能上产生了显著的差异。

（二）外宣翻译的标准与原则

外宣翻译虽然与其他类型的翻译有所不同，但同样需要遵循翻译的标准与原则，即在忠实原文的基础上，实现译文的通顺明白、简明优雅。然而，如何将具有中国特色的外宣文献翻译成既符合我国国情又能贴近目标受众的语言，让读者能够正确、深刻地理解原文所表达的内容，已成为当前外宣翻译研究的重要课题。

在进行外宣翻译时，译者除了考虑翻译的共性和外宣翻译的个性外，还需特别注意以下几个方面。

首先，读者喜好至关重要。外宣翻译的材料往往涉及中国的方针、政策、国家发展战略等，这就要求译者在翻译过程中不仅要实现语言的转换，更要搭建起跨国别、跨文化的桥梁。译者需要明确目标读者群体，了解他们的阅读目的和需求，并结合我国对外宣传的目标进行有针对性的翻译。只有这样，译者才能译出更具有针对性的文本，使外宣传材料真正发挥作用，达到预期的外宣效果。在翻译过程中，译者应始终以读者为中心，避免将汉语的“习惯性表达”直接套用到译文中。相反，译者应在忠实原文的基础上，将原文转换为易于读者接受的语言，使翻译材料更具有亲和力，更易于读者理解和接受。

其次，内外有别需要注意。在当前国际话语权被西方国家主导的背景下，如何在西方媒体垄断话语权的环境中发出中国声音，赢得国际舆论斗争的主动权，是外宣翻译工作的重要任务。由于原文读者和译文读者分属不同的文化和语言背景，译者需要善于发现和分析汉英语言之间的细微差别和特征，把握两种文化和语言的内在逻辑及表达差异。在翻译过程中，译者应充分发挥其作为两国文化“桥梁”的作用，从两国不同的思维习惯和语言特征出发，确保翻译的准确性和流畅性。同时，译者还需要精通两国语言和文化，以便更好地传达原文的含义和风格。

最后，与时俱进不可忽视。语言是不断发展变化的，随着社会的进步和时代的发展，新词汇不断涌现。在中国特色社会主义建设过程中，出现了大量紧贴中国社会发展实际的新词汇，如中国梦、“一带一路”等。这些词汇具有鲜明的中国特色和时代特征，对于外国读者来说可能较为陌生。因此，在翻译这些词汇时，译者需要紧跟时代步伐，充分发挥其主体性作用，准确把握新词汇的核心内容和文化内涵。必要时，译者可以通过添加注释等方式，帮助读者更好地理解这些新词汇的含义和背景。

总之，外宣翻译是一项既具挑战性又具重要性的工作。在翻译过程中，译者需要充分考虑读者喜好、内外有别和与时俱进等方面的要求，以确保翻译的信息准确、语言通顺、易于理解，并符合受众的文化背景和语言习惯。只有这样，才能更好地向世界传递中国声音，展示中国形象和实力。

第二节　外宣翻译与对外传播

一、对外传播

对外传播是指通过各种媒介和渠道向其他国家、地区或不同文化背景的受众传播信息，旨在促进国际交流与理解，增进不同文化之间的友好关系。对外传播是指为了使对中国感兴趣的外国受众了解中国和中国人，从事口头或文字对外宣传的中国人通过大众传播媒介所进行的信息传播活动。[①] 这一阐述基于政治学家哈罗德·德怀特·拉斯韦尔 20 世纪 40 年代提出的 5 W 传播模式，即五个以 W 开头的英文疑问词，分别是：who（传播者）、says what（传播内容）、in which channel（传播媒介）、to whom（受众）以及 with what effect（传播效果），具备比较完整的传播要素。

对外传播的传播者即专门从事对外传播工作的中国政府部门、媒体机构、社会组织、中国企业、中国人等，同时也包括报道和传播中国有关信息的外国政府机关、外国媒体机构、外国社会组织、外国企业、外国人等。

随着全球化的深入及各国间交往的日益密切和科学技术的发展，对

① 段连城．对外传播学初探[M]．北京：五洲传播出版社，2004：2.

外传播的内容涉及政治、经济、文化、体育等各个方面，既包括我国主动传播的信息，也包括一些具有国际传播力的突发事件和外国获取并传播的一些信息；既包括一些真实、客观、正面的信息，也包括一些虚假、臆测、负面的信息。

对外传播媒介丰富多元，既有我国正在着力打造的主流媒体，也有专门从事对外传播的传播媒体，还有国外的主流媒体、国内外各种社交媒体平台以及平台上的企业自媒体等。

对外传播受众不再局限于对中国感兴趣的国外受众，而是大部分国外民众都有可能在具备特定条件下成为我国对外传播的受众，同时，受众自身也有变化，每一位受众都具备成为多次传播的节点。

对外传播效果是一个深层和复杂的问题。各国民众都会对中国、中国人以及与中国有关的事物有一个基本的印象，而对外传播难以在一个真空的状态下去"建构"传播效果，而更多的是去"矫正"一个业已存在的对中国、中国人和中国有关事物的看法。

二、对外传播之桥梁——外宣翻译

外宣翻译最主要的目标就是译者将中文翻译成最恰当的外文，并借助各种媒体（如图书、互联网、电视、报纸、广播等）或各种形式的国际会议，积极地对外宣传中国观点。[①] 外宣翻译是翻译工作在对外宣传中的常见具体实践行动也是一种对外宣传材料的翻译实践行动，其不仅是一次和谐的信息资源共享，也是一种对外的意识形态宣传，更是一种情感层面的意识交流。而外宣翻译以他国的语言与文字为依据，介绍、报道、宣传我国"人、事、物"。外宣翻译是对外传播的媒介和桥梁，在对外宣传我国国家形象方面扮演着极其重要的角色。

自党的十八大以来，我国以习近平同志为核心的党中央高度重视外宣翻译工作，强调外宣翻译要服务于国家对外话语传播。能否成功构建融通中外的对外话语体系，很大程度上取决于外宣翻译工作的质量及其国际传播效果，而国际传播效果则直接影响着国际社会能否对中国产生正确客观的认识。因此，外宣翻译不仅要注重翻译质量，更要重视传播效果。翻译工作者只有"及时传递国内声音，善于通过海外读者乐于接

① 黄友义．坚持"外宣三贴近"原则，处理好外宣翻译中的难点[J]．对外大传播，2004(9)：4-6.

受的方式,易于理解的语言来传递本国的思想观点”[①],才能提升中国的国际话语权和话语传播力。

在我国日益加强国际传播能力的时代背景下,外宣翻译工作至关重要,其为开展跨文化对话与交流、输出本国价值观、改变固有偏见以及塑造积极的国家形象等方面提供了坚实的支撑。作为文化战略的关键构成部分,外宣翻译对于提升我国国际形象、增强软实力以及实现中华民族伟大复兴的中国梦具有不可替代的作用。

正如黄友义先生所指出的那样,以国家的国际传播和文化交流需求为导向,以中国译者为主的外宣翻译机制在增强中国软实力、向国际受众呈现中国智慧和中国魅力方面发挥着至关重要的作用。[②]通过外宣翻译,我们能够向国际社会展示一个全面、真实、立体的中国,让更多的人了解中国的历史、文化、社会和发展成就。

然而,要实现这一目标,我们必须加强外宣翻译工作,提升国际传播能力。作为跨国语言传播的前提,外宣翻译通过提供符合国家立场的权威解释,构建我国对外话语体系,帮助形成国际受众的锚定参照,为理解和接受中国话语、思想观念架构桥梁。

第三节　外宣翻译与中国文化对外传播与传承

外宣翻译在中国文化对外传播与传承中扮演着至关重要的角色。随着全球化的加速和中国与世界各国的交流日益频繁,如何将博大精深的中国文化准确、生动地传达给国际社会,成为摆在我们面前的一大课题。而外宣翻译正是这一课题的关键所在。

那么,如何通过外宣翻译,推动中国文化对外传播与传承呢?

---

① 谢莉,王银泉.中国国际形象建构视域下的政治话语翻译研究[J].外语教学,2018(5):7-11.

② 黄友义.强化国家外宣翻译机制,助力国际传播能力提升[J].英语研究,2022(1):12-19.

一、精通语言、了解文化

外宣翻译不仅是语言的转换，更是一种文化的传递，它要求译者不仅要精通语言，还要深入了解中国文化，能够准确把握中国文化的内涵和精髓。只有这样，译者才能够将中国文化准确地传达给国际读者，使他们更好地理解和接受中国文化。同时，外宣翻译还需要考虑受众的文化背景和价值观。在国际交流中，由于文化差异和价值观的不同，可能会产生一些误解和歧义。因此，外宣翻译需要灵活处理语言和文化之间的差异，尊重受众的文化习惯和价值观，以确保信息传递的准确性和有效性。

二、提升翻译质量与水平

中国文化对外传播与传承是一项长期而艰巨的任务。外宣翻译作为其中的重要一环，需要不断提高翻译质量和水平，这需要我们加强翻译队伍的建设，培养一批既精通外语又熟悉中国文化的翻译人才。同时，我们也需要加强对外宣翻译的研究和探索，不断总结经验，探索翻译方法与策略，以提升翻译质量。另外，我们还需要加强对翻译技术的研究和应用，利用现代科技手段提高翻译的准确性和效率。

三、注重受众需求与反馈

为了推动中国文化对外传播与传承，外宣翻译还需要注重受众的需求和反馈。我们要深入了解国际受众的文化背景和兴趣点，选择适合他们的话题和内容，以吸引他们的关注和兴趣。同时，我们还要关注受众的反馈和意见，及时调整翻译策略和方法，以满足他们的需求和期望。

在全球化大背景下，中国文化对外传播与传承面临着前所未有的机遇和挑战。外宣翻译作为其中的重要一环，需要不断创新和发展，为中国文化的国际传播和传承贡献更多的智慧和力量。

第四节　传播视阈下中国文化外宣翻译原则与策略

中国文化外宣翻译是向世界展示真实中国的关键途径。为确保翻译作品的质量并提升文化传播效果，相关单位及人员需要具备相关的翻译理论知识，遵循相应的翻译原则，灵活运用翻译策略。在全球文化交融的大背景下，我们应高度重视外宣翻译工作的推进，在保持译作富含中国特色的基础上，注重其本土化表达，使之符合不同读者的阅读及思维习惯，从而有效提高中国文化在全球范围内的认可度和影响力，进一步推动中国文化与世界文化的深度交流与融合。

一、传播视阈下中国文化外宣翻译的原则

外宣翻译作为翻译领域中的一种特殊形式，具有其特点和要求。不同于文学翻译追求华丽的辞藻，也不同于口语翻译要求灵活应变能力，外宣翻译更注重总体性，强调翻译的目的性、真实性和时效性。这种翻译实践活动要求译者在翻译过程中，既要保持原文的真实含义，又要确保信息的及时传达。在翻译实践中，译者都遵循着“信、达、雅”的翻译标准。

黄友义先生指出，根据目前我国对外宣传的实际情况，除去所有翻译工作都需要遵循的“信、达、雅”标准之外，外宣翻译更需要翻译工作者熟知并运用外宣“三贴近”的原则，强调外宣翻译需要贴近中国发展的实际，贴近国外受众对中国信息的需求，贴近国外受众的思维习惯。[①]

外宣“三贴近”原则能够很好地解决因英汉语言差异、中西文化差异、中西思维差异导致的翻译问题，在该原则指导下的译文更加符合外国人的语言习惯和思维习惯，也更加符合外国受众对信息的需求，能够

① 黄友义．坚持“外宣三贴近”原则，处理好外宣翻译中的难点问题[J]．对外大传播，2004（9）：4-6．

较好地实现外宣的目的。

在翻译实践中,所有译者都需要遵循"信、达、雅"的翻译标准,还需要熟知并运用外宣"三贴近"原则。然而,外宣翻译因其特殊性质,对译者的要求更为严格。译者在进行外宣翻译时,还要坚持"凸显核心、译有所为"原则、"内外有别、外外有别"原则、"经济达意、形神兼备"原则。

(一)"凸显核心、译有所为"原则

1. 凸显核心

在外宣翻译中,译者需要凸显核心信息,这是由外宣翻译的目的所决定的。核心信息的凸显不仅有助于目标受众快速理解原文的主旨,还能有效传达原文的意图和目的。

在跨文化传播视角下,信息传递的有效性是外宣翻译应遵循的一条重要原则。其中的核心原则是指在翻译过程中,译者需要凸显出最核心的信息,以达到最佳的传播效果。这种凸显核心的原则并非简单的信息堆砌,而是需要根据目标受众的接受心理、兴趣和需求,对同一类型宣传材料中的关联性信息进行适当的调节,以突出相关信息,达到最佳的传播效果。

在实际的外宣翻译过程中,信息的传达并非越全面越好,而是需要根据实际情况进行适当的筛选和调整。信息主要包括三种类型:核心信息、次要信息和冗余信息。其中,核心信息是宣传材料中最重要、最直接的信息,是宣传材料的核心内容,也是翻译过程中需要优先考虑的信息。次要信息通常是具有一定价值、处于从属地位的信息,如果不对核心信息与译文的通顺造成影响,就可以进行最大程度的传达。而冗余信息则是原文中那些错误的、混乱的或多余的信息,对于这些信息,在翻译过程中应该予以删除。

在翻译过程中,译者需要考虑目标受众的文化背景、语言习惯等因素,以确保翻译的准确性和可接受性。此外,译者还需要注意语言转换的灵活性,减少语言间与文化间的障碍,以实现宣传效果的最大化。例如:

原文：我们 56 个民族同呼吸、共命运、心连心。

译文：The 56 ethnic groups share the same lot.

在以上例子中，汉语原文的核心思想是“共命运”，这是一种强调集体意识、共同担当命运的表达。为了强化这种共同体验，原文中巧妙地运用了三个同义结构：“同呼吸”“共命运”和“心连心”。这种修辞手法在汉语中常见，通过重复和强化，使表达更加有力，更加深入人心。然而，在将这段汉语翻译成英语时，译文并没有完全保留原文的同义结构，而是将其简化为“share the same lot”。这种处理方式在翻译中很常见，因为不同语言之间的表达方式和语法结构往往存在差异。如果过于追求形式上的对等，可能会导致译文显得生硬、不自然，甚至可能扭曲原文的意思。

2. 译有所为

翻译作为语言之间的桥梁，一直以来都承载着传递信息、沟通文化的重任。在翻译实践中，忠实于原文被视为翻译的基石，原作与作者的地位被奉为至高无上。译者在这种观念下，往往只是默默地跟随原文的步伐，充当着一个被动的角色。然而，当我们深入探讨外宣翻译这一特定领域时，我们会发现译者的主体性在翻译实践中起着至关重要的作用。

外宣翻译的目的在于有效地传达信息，迎合目标受众的心理和文化传统。为了实现这一目标，译者往往需要“背叛”原文，对其进行适当的调整、删减、增补或改写，甚至有时需要进行重新组织。这种对原文的灵活处理正是译者主体性的体现。他们不再是简单的语言转换者，而是成为信息的解读者和文化的传播者。

随着经济社会的迅速发展，新词不断涌现，这对翻译工作提出了更高的要求。为了准确翻译这些新词，译者需要发挥创造力，结合上下文和语境进行巧妙的转换。这种创造性的翻译不仅展现了译者的语言能力，更体现了他们的主体性。

译者的主体性指的是译者在翻译实践中，为了实现翻译目的，在尊重翻译对象的基础上所体现出的主观能动性。这种主观能动性体现在翻译过程的每一个环节，从对原文的解读到对译文的表达，再到文化的转换，都离不开译者的主动参与和创造性发挥。文化转换过程是外宣翻译中尤为关键的一环。由于不同文化之间的差异，原文中的某些信息可能在目标受众中难以被理解和接受。这时译者需要发挥主体性，对原文进行文化上的调整和处理，以确保信息的有效传达。例如：

原文：烟台发展（股票）违规操作，最后赔了夫人又折兵。

译文：The irregular manipulation of the Yantai Fazhan (stock) led to a double loss at last.

汉语原文中的“赔了夫人又折兵”是一个成语，蕴含着独特的文化，其背后隐藏着深厚的中国历史和社会智慧。在这个成语中，“夫人”和“兵”都是重要的象征元素：“夫人”代表了家庭、情感和社会地位，而“兵”则代表了力量、资源和手段。描述了某人在追求目标时不仅未能如愿，反而付出了巨大的代价。在翻译时，译者需要充分考虑目标语读者的文化背景和认知习惯，发挥其主体意识，对这一文化负载词进行适当的改写，确保译文能够准确传达汉语成语的含义和文化内涵，从而达到传递信息的目的。对于译者而言，就是“译有所为”。例如，译者将“赔了夫人又折兵”英译为“a double loss at last”，译文既保留了汉语成语的基本含义，又符合英语读者的表达习惯。这一成语的翻译过程体现了译者的主体意识和文化自觉。

在翻译过程中，译者需要充分发挥其主观能动性，运用各种翻译技巧，以确保译文能够准确、生动地传达汉语成语的含义和文化内涵。这样的翻译过程不仅有助于促进不同文化之间的交流和理解，也体现了译者对于文化传承和发展的责任与担当。

（二）“内外有别、外外有别”原则

外宣翻译是一项具有挑战性的任务，因为它涉及将一种文化的语言和信息准确地传达给另一种文化中的受众。在这种情况下，译者不仅是语言转换者，还是文化交流的桥梁。尤其是当目标受众主要是不熟悉汉语文化的西方人时，外宣翻译的难度就更大了。由于英汉两种语言在语法、词汇、表达方式和文化背景等方面存在显著的差异，译者必须深入

研究西方文化和西方人的心理思维模式,以便更好地理解和传达原文的含义。

1. 内外有别

在我国外宣翻译工作中,遵循“内外有别”原则具有重要的理论意义和实践价值。“内外有别”原则最早由沈苏儒先生提出,并在20世纪80年代得到了确立。这一原则主张在进行外宣翻译时,应考虑不同读者对象、宣传目的、宣传内容、宣传方法以及语言文字等方面的差异,从而使译文能够最大限度地与译入语读者的文化规范和习惯相适应,实现信息的有效传递和传播效果的最大化。

英汉两种语言无论是在文字系统、词汇、语法上,还是在表达方式上,都有很多不同。这种差异的存在使英语读者在理解和接受汉语信息时,可能会有一定的困难。英汉两种文化在地域环境、历史条件、价值取向、意识形态、社会习俗和生活方式等方面的差异,也使两种语言在表达方式和接受习惯上存在很大的差异。因此,在进行外宣翻译时,译者需要充分考虑这些语言和文化方面的差异,以便能更好地传达原文的信息。

总之,“内外有别”原则在外宣翻译工作中的应用,对于提高翻译质量、提升翻译效果、提高译文的可接受度方面具有重要意义。因此,在进行外宣翻译工作时,译者需要深入理解“内外有别”原则,并结合实际情况进行有针对性的翻译。

2. 外外有别

对于外宣翻译来说,除了要坚持“内外有别”原则,还必须实现“外外有别”的精细化处理。这是因为尽管我们的外宣翻译主要面向外国读者,但这些读者来自不同的文化背景,他们的语言习惯也存在微妙的差异,如美式英语和英式英语的细微差别。因此,在进行外宣翻译时,译者必须深入了解不同国家的风俗文化,确保翻译过程中充分考虑这些文化差异,避免产生误解。

比如,我们在设计出口商品商标并进行外宣翻译时,必须小心谨慎,充分尊重并符合目标市场的社会文化传统,避开可能引发误解的特殊因素。例如，熊猫在中国是国宝，深受中国人民的喜爱，同时在欧美和东南亚也颇受欢迎。然而，在伊斯兰国家，熊猫却不受欢迎。同样，孔雀在东方文化中被视为美丽的象征，但在法国，它却被贬称为淫妇的别称。再比如，中国的白象牌（White Elephant）电池在东南亚国家大受欢迎，因为东南亚人认为白象代表着吉祥。然而，在欧美市场，白象却被视为累赘、无用的东西，因此在那里并不受欢迎。这些例子说明不同国家有着不同的文化禁忌和偏好。因此，外宣翻译工作者不能采取“一刀切”的策略，而需要对各个国家、各个地域的经济、政治、文化、伦理等方面的差异进行深入的理解和分析，以提高外宣翻译的针对性和效果。

总之，外宣翻译是一项复杂而精细的任务，它要求译者既要考虑到国内外的差异，又要充分尊重和理解各个国家和地区的独特性。只有这样，译者才能确保译文既准确又富有感染力，从而有效地推动我国的对外交流和发展。

（三）“经济达意、形神兼备”原则

在语言学领域，“言简意赅、经济达意”被视为一项关键的原则。经济达意，顾名思义，就是用尽可能少的字词将相应的信息准确地传递出来，以达到在最短的时间内传递流畅信息的目标。这一原则在翻译领域同样适用，特别是对于外宣翻译，因为它既要求准确传递信息，又要求在形式上达到简洁明了。

1. 经济达意

在对外宣传的过程中，不同国家的受众群体具有各自独特的文化背景、接受能力和信息需求，这就要求译者在翻译具有浓厚文化意象的词汇时，不仅要深入理解原文的内容和核心信息，还要在双语语料库中进行细致的对比，寻找具有相似文化意象的词汇。同时，译者还需要具备辨别次要信息和冗余信息的能力，以确保翻译出的文本能够准确、简洁地传达出原文中的核心价值。

在传达信息时，译文必须准确、简明和实用，同时遵循经济达意的策略和可接受的原则。由于中英两国在文化、习俗、信仰和语言表达等方面存在显著差异，译者在翻译过程中需要对汉语中的套话进行适当

删减，同时增加文中涉及的具有中国特色的信息，以凸显原文的隐含意义。这样的处理方式不仅使译文更加忠实于原文，还能够使表达更加言简意赅、通俗易懂，实现译文的经济达意效果。

为了进一步提高外宣翻译的质量，译者还需要不断学习和积累相关知识，提高自己的双语能力和跨文化交际能力。同时，译者还需要关注国内外政治、经济、文化等领域的最新动态，以便在翻译过程中能够准确把握原文的语境和意图。只有这样，才能确保外宣翻译在言简意赅地传达信息的同时，能够有效地促进不同国家之间的文化交流和相互理解。例如：

原文：积极推进各项配套改革。

译文：We should press ahead with all supportive reforms.

本例中，原文中的“积极”和“推进”两个词汇在英语中分别对应着“go ahead”和“in a determined way”两个表达。然而，如果我们逐字翻译，可能会导致译文的冗余和不自然。因此，如何找到一种既准确又简洁的翻译方式，就显得尤为重要。在这种情况下，“press ahead”这一表达为我们提供了一个很好的解决方案。汉语中，“积极”一词通常表示主动、有决心的态度，而“推进”则强调行动的进行和发展，这两个词汇的组合，形成了一种积极向上、不断前进的意象。英语中的“press ahead”同样传达了这种意象：“press”表示坚决、有力地推进，“ahead”则指明了前进的方向，这样的翻译既保留了原文的语义内涵，又符合了英语的表达习惯，可谓一举两得。

2. 形神兼备

外宣翻译能够体现国家的对外交流水平，其优劣直接影响对外宣传的效果。其既能够表达出原文的神韵，又能够保留原文语言的基本形式，达到对外宣传的目的，这样“形神兼备”的译文是判断翻译质量和翻译水平的重要标准，是译者的终极目标、外宣翻译的最高境界。

“形”有两种解释：一是语言层次的“形”，如词语的形式、句法的形式等；二是言语层次的“形”，如语言的表现方式和表达方式。[①]“神”是

① 许渊冲．文学与翻译[M]．北京：北京大学出版社，2003：106.

"语言活动"的产物，指意义、精神、神韵等。在外宣翻译过程中，译者不仅要充分理解原作内容，将原作内容忠实通顺地传达出来，更要深刻理解原作的神韵和精神，并且用精美的语言把原作的"神"再现出来，做到"形神兼备"，从而实现跨文化交际。例如：

原文：有朋自远方来，不亦乐乎？

译文：How happy we are, to meet friends from afar!

我国对外交流中经常引用孔子《论语》的开卷之语"有朋自远方来，不亦乐乎？"欢迎远道而来的外国朋友，被译作"How happy we are, to meet friends from afar!"这一译文是兼具"形"与"神"的翻译上乘之作。又比如，2007 年中国时任外长李肇星在答记者问时，一位外国记者自我介绍时说："我来自一个小国家……"外长在回答他的问题之前，先引用了"山不在高，有仙则名"这一名句。现场译员流利地将其译为"A mountain is famous not because of its height"。曾当过高级翻译的李肇星听后觉得没有传递其实质内涵，紧接着又用英语补了一句"Countries, big or small, are all equal."[①] 前一句译文虽完美译出了原文的"形"，但后一句译文才真正译出了原文的"神"，实现了外宣翻译的"形神兼备"。

二、传播视阈下中国文化外宣翻译的策略

传播视阈下，中国文化外宣翻译策略可以分词汇翻译策略和句法翻译策略两个方面。

（一）词汇翻译策略

1. 信息对等策略

尤金·奈达的功能对等理论在翻译领域具有广泛的影响力，该理论

① 何群，李春怡．外交口译[M]. 北京：外语教学与研究出版社，2011：235-236.

强调译者在翻译过程中应追求译文与原文之间的信息对等，确保读者在阅读译文时能够获得与原文读者相似的理解和感受。然而，在实际翻译实践中，实现信息完全对等却是一项极具挑战性的任务。为了实现信息对等，译者可以采取两种策略。

（1）信息完全对等策略

在翻译过程中，对于词义基本等同的词汇，信息完全对等策略是一种高效且准确的翻译策略。这种策略主要适用于那些在不同语言之间互借的词汇，这些词汇在各自的语境中拥有相似的含义和用法。

信息完全对等策略是指在信息传递的过程中，有时源语言和目标语言之间存在一种直接、明确的对应关系。在这种情况下，译者可以直接在目标语言中找到与源语言词汇意义完全相同的词汇，而无须添加任何额外的解释或修饰。这种策略的优势在于它保持了原文信息的完整性和准确性，同时也避免了因文化差异或语言习惯不同而可能产生的误解。

在外宣翻译中，这种策略尤为重要。外宣翻译的主要目的是将一种语言中的文化、价值观、政策等信息准确地传达给另一种语言的读者。在这一过程中，保持信息的对等性至关重要。如果译者过度解释或修改原文信息，可能会导致读者对原文产生误解或产生不必要的疑惑。因此，对于那些词义基本等同的外宣词汇，译者采用信息完全对等策略可以确保翻译的准确性和有效性。例如，“双赢”译为“win-win”就是一个典型的例子。

（2）信息部分对等策略

在信息传递的过程中，词汇的选择起着至关重要的作用。有些词汇在源语和目的语之间仅在词汇意义方面对等，但在语义、语法、语体等方面的意义却可能存在微妙的差异。这些所谓的“信息部分对等”的词汇，在翻译过程中需要译者格外留心。

首先，译者在处理这些词汇时，必须仔细考虑其词性。例如，一些在源语中可能是动词的词汇，在目的语中可能更适合作为名词或形容词使用。这就要求译者不仅要精通两种语言，还要对两种语言的语法结构有深入的了解。只有这样，才能确保译文在语法上的正确性。

其次，词汇的感情色彩也是翻译过程中需要注意的一个方面。某些词汇在源语中可能带有积极的感情色彩，但在目的语中却带有消极的色彩，或者反之。因此，译者在翻译时必须考虑这一点，以免传达错误的信息或产生误解。

最后，词汇的使用场合也是翻译过程中需要关注的一个重要因素。例如，一些在口语中常用的词汇可能在正式场合并不适用，反之亦然。这就要求译者在翻译时要根据具体情境选择合适的词汇，以确保译文的准确性和得体性。举例来说，如果源语中的某个词汇在口语中常用，但在正式场合并不适用，那么译者在翻译时就应该选择一个更正式的词汇来替代。反之，如果源语中的某个词汇在正式场合常用，但在口语中并不适用，那么译者在翻译时就应该选择一个更口语化的词汇来替代。例如，“扒分”为上海方言，意思是“挣钱、捞外快”，最好译为“moonlighting”，将“哄抬物价”最好译为“jack up price”。

2. 补全语义策略

外宣翻译是一门特殊的艺术，它的主要受众是国外的普通读者。这些读者身处于与中国截然不同的社会背景和文化传统中，对中国的历史文化了解往往十分有限。因此，外宣翻译者的任务就显得尤为重要：他们不仅要传达原文的信息，还要确保这些信息能够被国外的读者理解，并在其文化背景中引发共鸣。外宣翻译的一个关键原则是贴近国外受众的思维习惯和对中国信息的需求。这意味着译者不能仅满足于文字的直译，而需要深入了解国外读者的文化背景和思维方式，以寻找最合适的表达方式。在这一过程中，对于那些具有中国鲜明特点的词汇用语，译者需要采取增译的策略解释原文内涵、补充相关背景，以补全外国读者缺失的信息。

（1）揭示原文内涵

翻译不仅是语言的转换，更是文化、情感和信息的传递。为了确保原文的内涵得到准确和完整地传达，译者有时需要采取增译的策略，从而揭示原文内涵。

①增加文化背景信息。有时原文中的某些词语或短语在目标语言中没有直接对应的词汇，或者它们背后有特定的文化背景。在这种情况下，译者可以增加一些解释性的词语或句子来帮助读者理解。

②增加感情色彩。原文中可能包含了作者的情感和态度，这些情感色彩在翻译时可能会丢失。为了保持原文的情感深度，译者可以适当增加一些描述性的语言。

③明确指代关系。有时原文中的指代关系可能对目标语读者来说不够明确,这时可以通过增加一些连接词或短语来明确指代关系。

④补充必要的细节。有时原文的内容可能使目标语读者不好理解,译者需要在翻译中补充一些必要的细节。

⑤增强逻辑性。如果原文的逻辑关系在目标语言中不够明确,可以通过增加连接词或短语来增强逻辑性。

⑥考虑语境和目的。为了更准确、更完整地传达原文的信息,译者在增译时要考虑原文的语境和翻译的目的。

总之,增译是一种有效的翻译策略,但也需要译者具备深厚的双语能力和敏锐的文化洞察力。只有这样,译者才能确保增译的内容既准确又恰当,真正帮助目标语读者理解和欣赏原文的内涵。例如:

原文:中国有两点是靠得住的,一是讲原则,二是说话算数。

译文:China can be counted on. Among other things, first, it upholds principles and second, it honors its words.

在翻译过程中,译者不仅要准确地传达原文的字面意义,更要深入挖掘其背后的深层含义,以实现忠实、通顺、优美且富有表现力的翻译。对于上述例句,译者在翻译时将“有两点”进行了结构方面的调整,并增译了“Among other things”,这不仅有效地帮助国外读者理解句子意思,揭示了原文的真正内涵,而且表达了“至少有两点”的含义。这一处理方式反映出译者具有较高的政治素质和敏感性,能够从原文中挖掘出更深层次的含义,避免对原文内涵的曲解。如果不进行上述处理,只是按照原文结构进行翻译,如译为“On two points China can be counted on. First, it upholds principle and second, it keeps its words”,这样的翻译方式可能会让国外受众认为中国“只有两点靠得住”,这显然是对原文内涵的误解。因此,补全语义的本质就是要忠实地传达原文的思想内容,使译文能够更好地传达原文的深层含义,避免对原文的误解。

(2)补充相关背景

在汉译英的过程中,文化差异是一个不可忽视的重要因素。由于中西方文化差异较大,因此外宣译者在翻译过程中需要采取增译的策略,补充相关背景信息,以减少文化差异所带来的障碍,帮助国外受众更好地理解译文。

首先，补充相关背景可以提高译文的可读性。由于中西方文化差异较大，国外受众可能无法理解译文中的一些词语或概念。在这种情况下，补充相关背景可以解释这些词语或概念的含义，从而提高译文的可读性。例如，在翻译一篇关于中国春节的文章时，如果直接将“红包”翻译为“red packet”，国外受众可能无法理解其含义。因此，在翻译时可以补充相关背景“money given to children during Chinese New Year as a symbol of good luck and prosperity”，解释“红包”是中国农历新年时长辈给孩子们的钱，用以表达祝福，从而使外国受众了解中国传统文化。

其次，补充相关背景可以更好地保留中国的民族文化。在翻译过程中，外宣译者需要尽量保留原文中的文化元素，以体现中国民族文化的独特性。然而，由于中西方文化差异较大，一些文化元素在翻译过程中可能会被误解或丢失。因此，通过补充相关背景，可以更好地保留这些文化元素，从而更好地展示中国民族文化的魅力。例如，在翻译一篇关于中国茶叶（Chinese Tea）的文章时，可以补充相关背景，介绍中国茶叶的历史、种类、泡茶的方法等，以展示中国茶文化的丰富内涵。

最后，补充相关背景还可以提高译文的可信度。由于中西方文化差异较大，国外受众可能对译文中的某些内容持怀疑态度。因此，在翻译过程中，外宣译者可以通过补充相关背景，增加译文的可信度，从而提高国外受众对译文的接受度。例如，在翻译一篇关于中国科举制度（The imperial examination system）的文章时，可以补充相关背景，介绍科举制度的历史、作用、影响等，以展示科举制度在中国文化中的重要地位。

总之，补充相关背景是一种有效的翻译策略，可以帮助外宣译者在翻译过程中减少文化差异所带来的障碍，帮助国外受众更好地理解译文，同时也可以更好地保留中国的民族文化，提高译文的可信度。然而，在补充相关背景的过程中，外宣译者需要遵循一定的原则，如保证补充内容与原文内容的一致性、避免过度解释等，以确保补充背景的合理性和有效性。例如：

原文：必须始终不渝地坚持两手抓、两手都要硬的方针，加强精神文明建设。

译文：We must unswervingly give equal importance to economic development on one hand and to the development of socialist culture and ideology on the other hand.

将原文与译文进行对比分析，我们不难发现译文中巧妙地增加了对“两手抓、两手都要硬”这一个中国特有表述的语用信息，将其翻译为“give equal importance...on one hand...on the other hand”。这一翻译不仅准确传达了原文的语义内涵，还通过增译的方式，使译文更加贴近目标语读者的表达习惯，从而有效地传递了中国的国家方针政策。“两手抓、两手都要硬”这一表述，源自中国改革开放时期的领导人邓小平。他强调，在经济建设快速发展的同时，必须重视精神文明建设，确保两个文明建设同步推进，不偏不倚。这一思想体现了中国政府对全面发展的追求，以及对经济和社会协调发展的高度重视。在译文中，“give equal importance to economic development on one hand”这一表述，不仅准确地传达了“两手抓”的含义，即同时推进经济建设和精神文明建设，还通过“on one hand”这一表达方式，凸显了二者之间的平衡关系。这种翻译方式既保留了原文的核心信息，又使译文更加易于理解，从而有效地遵循了外宣翻译中凸显核心信息的原则。

在翻译过程中，译者不仅需要准确理解原文的语义内涵，还需要根据目标语言的文化背景和表达习惯，对原文进行适当的补充和解释。通过补全语义，可以使译文更加完整、准确、生动，从而更好地传递原文的信息和意图。

3. 冗余删减策略

冗余信息在信息论中扮演着重要的角色。在信息传递的过程中，由于噪声、干扰等多种因素的存在，部分信息可能会失真或丢失。为了确保信息的有效传递，人们在进行交际时往往会有意识地增加信息量，这就在无形中产生了大量的冗余信息。冗余信息的存在既是一种挑战，也是一种机遇。

尤金·奈达等学者指出，通常情况下，信息冗余度所占的比例大约为 50%。这意味着在大量的信息中，基本上有一半是冗余的。这些信息冗余对于信息传递者和接收者来说，有时会构成沉重的负担。但如果我们能够恰当地处理这些冗余信息，它们反而能够帮助我们更好地理解文本。在某些特殊情况下，冗余信息甚至能够缓解可能出现的语义过载或形式过载现象,使信息更加清晰易懂。

在外宣翻译过程中,译者经常面临词义信息冗余的问题。这主要是由于英汉两种语言之间的差异所导致的。英语的语法结构相对严谨,词汇的词性变化和词形变化都较为丰富。相比之下,汉语的语法结构较为简单,词汇的词性变化和词形变化并不明显。因此,译者在翻译时,需要充分考虑目的语读者的思维习惯,避免生搬硬套和望文生义。

在实际翻译过程中,译者需要对冗余信息进行适当的删减。这并不意味着完全忽视冗余信息的存在,而是要在保持原文信息完整性的基础上,对其进行合理的筛选和整合。通过删减冗余信息,可以使译文更加简洁明了,更符合目的语读者的阅读习惯。

此外,译者还需要注意在翻译过程中保持信息的准确性和完整性。在删减冗余信息的同时,要确保译文能够准确地传达原文的含义和信息。这要求译者具备扎实的语言基础和丰富的翻译经验,以便在翻译过程中灵活应对各种挑战和问题。例如:

原文:要牢牢抓住经济建设这个中心,坚持聚精会神搞建设、一心一意谋发展,不断解放和发展社会生产力。

译文:We must firmly commit ourselves to the central task of economic development, concentrate on construction and development, and keep releasing and developing the productive forces.

汉语中的“聚精会神”和“一心一意”这两个成语在表达上十分接近,都强调了全神贯注、专心致志的态度。在翻译这两个成语时,我们可以选择使用英语中的“concentrate on”这一表达,它准确地传达了这两个成语的核心意义,即专注和集中。然而需要注意的是,在翻译过程中,我们不能仅停留在字面的对等上,而要考虑语境、文体和读者的接受度等因素。但是,如果翻译的目的是保持原文的修辞效果或文化特色,那么我们可以考虑使用其他表达方式,如在译文中加入一些修辞成分,使译文更加生动、形象。如果我们要考虑读者的接受度,英语读者可能并不熟悉“聚精会神”和“一心一意”这两个成语,因此在翻译时,我们可以适当添加一些解释或说明,帮助他们更好地理解这两个成语的含义和用法。

（二）句法翻译策略

1. 逻辑显化策略

汉语作为一种显性逻辑语言，在表达思维与逻辑时有着独特的风格。相较于英语，其衔接手段相对简单，没有英语那样丰富的语法结构和词汇变化。这种特点有时会使汉语在行文时显得信息关联性不强、存在冗余，甚至逻辑不够清晰。这种现象不仅在日常交流中出现，更在外宣翻译中频繁显现。举例来说，汉语句子在表达复杂概念或逻辑时，往往依赖于上下文和语境来理解，而不是通过严格的语法结构来体现。例如，在一段叙述中，我们可能会发现一些看似零散的句子，但它们实际在逻辑上是相互关联的。这种情况下，译者在进行汉英翻译时，就需要特别注意这些潜在的逻辑关系，确保在目标语言中能够准确地传达原文的意图。此外，汉语的行文风格往往注重意合，即通过词汇和句子的选择来传达作者的意图和情感。这种意合性在一定程度上增加了翻译的难度，因为译者不仅要理解原文的字面意义，还要深入挖掘其背后的逻辑和情感。

因此，在外宣翻译过程中，译者需要具备较高的语言素养和逻辑思维能力，在进行句子翻译时，需要在透彻理解原文的基础上，梳理出各个部分之间的逻辑关系，并进行适当的逻辑转换，才能使目标语读者在阅读时能够轻松理解原文的含义，感受到作者的情感和态度。例如：

原文：据考证，“China”大写是指中国，“china”小写是指瓷器，她的读音来自汉语“昌南”一词的谐音译。而“昌南”指昌南镇，为景德镇的旧称之一。

译文：It is believed that the country name “China” comes from “china”, a term for porcelain, which is pronounced similarly to “Changnan”, a former name for Jingde Town.

本例中，原文中的两个短句虽然用逗号分隔，没有明确的连接词，但其中隐含的逻辑关系却十分紧密。首先，我们来分析原文中的两个短句:“China”大写是指中国,“china”小写是指瓷器。这两个短句虽然形式上是独立的,但实际上它们构成了一个因果关系,即大写的“China”这个国名,是源自小写的“china”这个词,而“china”又常常指代陶瓷。在翻译这样的句子时,我们不仅要准确地传达每个词汇的字面意义,更要挖掘出它们之间的内在联系和逻辑关系。因此,我们不能简单地将这两个短句处理为两句独立的陈述句,而是应该将它们连接起来,形成一个完整的句子,以表达原文中的因果关系,这样的翻译不仅保留了原文的意思,还使译文更加流畅自然,更易于被译入语读者理解。

2. 合理变译策略

变译理论是黄忠廉先生于2001年在其专著《变译理论》中明确提出的具有原创性的全新的翻译理论,变译是相对全译而言的。所谓变译,是指译者根据特定条件下特定读者的特殊需求采用增、减、编、述、缩、并、改等变通手段摄取原作有关内容的翻译活动。变译包括增、减、编、述、缩、并、改七种变通手段以及摘译、编译、译述、缩译、综述、述评、译评、改译、阐译、译写及参译十一种变译方法[①]。

我国著名语言学家黄忠廉认为,变译翻译策略旨在满足一些特殊条件下特定读者对象对特定信息的需求,具有针对性强的特点。在实际应用中,变译策略具有很大的灵活性,可以根据不同的翻译目的和对象,灵活选择翻译手法。比如,在某些情况下,为了更好地传达原文的意义,译者可能会选择扩充原文,增加一些额外的信息,以帮助目的语读者更好地理解原文。而在另一些情况下,译者可能会选择浓缩原文,减少一些不必要的细节,以使翻译更加简洁明了。

同时,变译策略还具有很强的实用性。由于变译策略的灵活性和针对性,它广泛应用于外宣翻译中,为译者提供一种新的思考方式,帮助译者更好地理解和表达原文的意义。例如:

原文:维吾尔族达瓦孜是流传于新疆的国家级非物质文化遗产。

① 黄忠廉. 变译理论[M]. 北京:中国对外翻译出版公司,2001:32-149.

译文：The Uygur Dawaz, or Uygur Rope-Dancing, is a national intangi-ble cultural heritage that has been passed down in Xinjiang.

“达瓦孜”是维吾尔族传统的民间杂技，其意思是高空走大绳。这个词带有浓厚的民族文化内涵，频繁出现在新疆外宣资料中，按其发音特点的英译处理，虽然体现了译入语所反映的民族文化特色的异质性，却会造成跨文化障碍和译入语的不可接受性，令译入语读者为之茫然，此时应采用阐译策略，补充外国人不懂的背景，即译文前半部分为音译（维吾尔语）“Dawaz”，后半部分为阐释“Rope-Dancing”。阐释的策略拓展了信息通道，充实了原文内容，既不失真地传输了词的语义，又保留了词的民族色彩，从而达到了宣传新疆旅游文化的目的[①]。

传播视阈下，中国文化外宣翻译可以通过信息对等策略、补全语义策略、冗余删减策略等词汇翻译策略，通过逻辑显化策略、合理变译策略等句法翻译策略进行翻译，以达到传播中国文化、进行跨文化交流的目的。

① 刘小玲．变译理论指导下的旅游资料翻译——以新疆旅游资料英译为例[J]．牡丹江大学学报，2001（3）：95-97+99.

第三章　传播视阈下中国民俗文化外宣翻译

中国民俗文化作为中华民族传统文化的重要组成部分，其外宣翻译工作更是具有特殊的意义。中国民俗文化外宣翻译工作是一项具有挑战性和重要性的任务。我们需要立足传播视阈背景，明确翻译的目的和方法，注重传播渠道的选择，以确保中国民俗文化能够有效地传播到国际社会，增进国际社会对中国的了解和认识。同时，我们也要不断探索和创新翻译的策略和方法，以适应不断变化的文化交流环境，为推动中华文化的国际传播做出更大的贡献。本章就从饮食、服饰、建筑、节日四大层面入手来分析传播视阈下中国民俗文化外宣翻译理论与策略。

第一节　饮食文化传播与翻译

一、饮食文化

（一）饮食文化的定义

名扬四海的中国美食，无疑是我国民族文化中最为璀璨的一颗明珠，它不仅仅是食物，更是一种融合了中华民族丰富食源、独特饮食加工技艺、深厚饮食美学和饮食民俗的文化载体。随着全球化进程的加速，中国美食越来越受到世界各地的认可和赞誉，被誉为世界文化的瑰宝。

从宏观角度来看，中国饮食文化可分为物态文化、行为文化和精神文化。[①]

物态文化主要涉及食材、原料、食器、环境等要素。中国地大物博，食材种类繁多，从山珍海味到家常小炒，无不体现了中国人对食材的精细挑选和巧妙搭配。同时，中国的食器也独具特色，如瓷器、陶器、铜器等，不仅美观实用，还蕴含着深厚的历史文化底蕴。在环境方面，中国餐馆的装修风格和服务方式也体现了独特的饮食文化，如古色古香的茶馆、热闹喧嚣的夜市等，都让人感受到中国饮食文化的独特魅力。

行为文化包括工艺文化、消费文化和服务文化。中国饮食的加工技艺堪称一绝，如炒、炖、蒸、煮等烹饪方法，不仅保留了食材的原汁原味，还赋予了食物独特的风味和口感。在消费方面，中国人注重饮食的健康和营养，追求饮食的平衡和多样化。服务文化方面，中国餐馆的服务员都经过专业培训，不仅服务周到细致，还能向客人介绍菜品的特点和制作方法，让客人在品尝美食的同时，也能了解中国的饮食文化。

精神文化则与礼俗制度、心理愉悦、审美情趣和哲学思想、民族宗教等密不可分。中国饮食文化蕴含着丰富的哲学思想，如“天人合一”“和为贵”等，这些思想在饮食文化中得到了充分体现。同时，中国饮食文化还体现了民族宗教的影响，如佛教的素食文化、道教的养生文化等，都在中国饮食文化中留下了深刻的烙印。

除了以上三个方面的文化内涵外，中国饮食文化还包含了许多具体的文化元素。例如，中国的菜系繁多，有川菜、粤菜、鲁菜、苏菜等八大菜系，每个菜系都有其独特的口味和特色菜品。此外，中国的饮食文化还有许多传统节日和习俗与之相关，如春节吃饺子、端午节吃粽子等，这些传统节日和习俗不仅丰富了饮食文化的内容，也传承了中华民族的优秀传统文化。

综上所述，中国饮食文化是一种博大精深的文化现象，它不仅体现了中华民族丰富的文化内涵，也成为世界文化的重要组成部分。随着全球化的发展和中国文化的传播，相信中国美食将会越来越受到世界的认可和喜爱。

① 李明晨，宫润华．中国饮食文化[M]．武汉：华中科技大学出版社，2019：15.

（二）饮食文化的特征

中国饮食文化这一独具特色的文化现象，深深植根于中华民族的历史长河之中，它是中国历代先人智慧的结晶，是人类生存与发展的重要反映，更是中华民族物质生活与精神生活的紧密交织。中国饮食文化犹如一颗璀璨的明珠，照亮了中华民族的历史长河，闪烁着耀眼的光芒。

自古以来，中国人对于饮食的追求并不仅停留在满足基本生存需求的层面。他们通过不断地实践与创新，将饮食文化逐渐发展成为一种独特的艺术形式。从选材到烹饪，从摆盘到品尝，每一个环节都蕴含着丰富的文化内涵。[①] 中国人善于运用各种食材，创造出无数美味的佳肴，这些佳肴不仅满足了人们的味蕾，更在无形中传递着中华民族的文化精神。

1. 风味多样

我国地域辽阔，民族繁杂，各地的风土人情、饮食习惯千差万别。我国幅员辽阔，地理环境复杂多样，形成了丰富多样的饮食文化。我国地域广博，民族众多，不同地域的人表现出不同的饮食偏好和饮食特点。

我国 56 个民族的劳动人民创造了多姿多彩的饮食文化。每个民族都有其独特的饮食文化，如藏族的主食是糌粑、维吾尔族的主食是抓饭、蒙古族的主食是手抓羊肉等。这些民族的饮食文化既反映了他们的生活方式和习惯，也体现了他们对自然环境和资源的利用和尊重。

我国一直有“南米北面”的说法，口味上有“南甜北咸东酸西辣”之分。这是由于南北方气候和地理条件的差异导致的。此外，自古以来，我国不同地域的民族一直按照季节的变化来调味、配菜，冬天味道醇厚，夏天清淡爽口。在菜品的烹制方法上冬天多炖煮焖煨，夏天多凉拌冷冻。这些饮食习惯反映了我国人民对自然环境的认识和尊重，也体现了他们对食物口感和营养的讲究。

---

① 贺正柏．中国饮食文化[M]．北京：旅游教育出版社，2017：6.

2. 讲究五味调和

中国饮食文化最为核心的原则便是五味调和。这一原则不仅贯穿于中国饮食文化的整体之中,更是其精髓所在。五味调和不仅是一种对菜品口感的要求,更是对烹饪技艺的精湛表现。

所谓五味,指的是甜、酸、苦、辣、咸五种基本口味。五味调和,即指这五种口味在烹饪过程中既要有变化,又要搭配合理,以保持和发挥食物的本味。这一原则的实现既需要烹饪者对食材的深入了解,又需要他们精湛的烹饪技艺和敏锐的味觉。

五味调和首先满足了人们对饮食口味的需要。不同地域、不同民族、不同个体对于口味的偏好各有不同,而五味调和则能够平衡各种口味,满足广大人群的口味需求;五味调和也是对食品原料选择的要求,不同时令、不同地域的食材都有其独特的口感和营养价值,五味调和要求烹饪者在选择食材时,要充分考虑其口感和营养价值,以达到最佳的烹饪效果;五味调和还要合乎时序,在中国传统文化中,四时变化与人的生理需求息息相关;五味调和要求烹饪者在烹饪过程中,充分考虑四时变化和人的生理需求,以选择合适的食材和烹饪方法。①

(三)饮食文化的功能

中国饮食文化,源远流长,博大精深。它不仅满足了人们的生理需求,更在精神层面承载着丰富的文化内涵。在中国的饮食文化中,我们可以发现许多独特的功能。

首先,中国饮食文化具有社会交往的功能。在中国的传统社会中,饮食是社交活动的重要组成部分。无论是家庭聚餐、朋友聚会还是商务宴请,都离不开美食的陪伴。通过共享美食,人们可以增进感情,加深了解,建立和谐的人际关系。

其次,中国饮食文化具有传承文化的功能。中国菜系的多样性反映了中国各地的风土人情和历史文化。每一道菜品背后都蕴含着丰富的历史和文化内涵。通过品尝不同地域的美食,我们可以了解各地的文化

① 杜莉,姚辉.中国饮食文化[M].北京:旅游教育出版社,2013:23.

传统和习俗,从而加深对中华文化的理解和认同。

再次,中国饮食文化具有健康养生的功能。中国饮食注重平衡、调和与适量,追求食物的营养和口感。中国饮食文化中的食疗、药膳等理念,强调食物对身体的调理和保健作用。通过合理的饮食搭配,人们可以保持身体健康,提高生活质量。

最后,中国饮食文化还具有艺术审美的功能。中国菜品的色、香、味、形、皿等方面都体现了中国饮食文化的艺术魅力。精美的菜品不仅让人垂涎欲滴,更是一种视觉和心灵的享受。通过欣赏和品尝美食,人们可以感受到中国饮食文化的独特魅力和韵味。

综上所述,中国饮食文化具有多种功能,不仅满足了人们的生理需求,更在精神层面承载着丰富的文化内涵。它不仅是人们生活中的重要组成部分,更是中华文化的瑰宝。我们应该珍惜和传承这一宝贵的文化遗产,让它在现代社会中继续发扬光大。

二、饮食文化翻译

(一)翻译理论与饮食文化翻译

1. 交际翻译理论

交际翻译理论这一独特的翻译理念,是英国著名的翻译理论家和教育家彼得·纽马克(Peter Newmark)于1982年提出的,[①] 其主要研究内容是翻译过程中的交际行为和交流效果,旨在通过翻译实现原作对原文读者产生的效果尽可能地等同于译文对译文读者产生的效果,探讨如何在不同语境下进行有效的语言传递和沟通。在他的理论体系中,“交际”不仅是该理论的核心,更是其主旨所在,它关注的核心在于目标读者的感受和体验,反对过分强调语言的社会层面价值,而是将语言视为思考和自我表达的工具,重视语言的交际功能。纽马克强调,交际翻译并非简单地将一种语言转化为另一种语言,而是需要以一种读者可接

① Newmark P. *A textbook of translation*[M]. New York: PrenticeHall,1988: 121.

受、可理解的方式来进行翻译，确保信息的有效传递。

交际翻译理论提出了一系列指导原则和方法。

首先，交际翻译理论强调语言的动态性。翻译并不是简单的语言转换，而是一个活动的过程。在理解原文内容的基础上，译者需要根据不同语境和读者的需求进行语言重组和调整，以确保信息的精确传达。

其次，交际翻译理论提倡语言的等效性。翻译的目标是使译文在传达信息的同时，尽量能够与原文产生相似的效果和反应。为此，译者需要注重文化差异的处理，适当运用各种翻译技巧，以确保传达出准确、流畅、自然的信息。

最后，交际翻译理论还强调翻译的目的是实现交际。在进行翻译过程中，译者需要根据原文和目标读者的需求，进行语言选择和调整，以确保译文与译文读者产生良好的交际效果。

在交际理论的指导下，翻译的成功与否不再仅局限于译文的形式，而是更加关注读者所接受的最自然的形式。也就是说，翻译应尽可能地还原原文的信息，同时又要确保这些信息能够以读者习惯和理解的方式呈现出来。这样的翻译方式不仅能够保留原文的文化特色，还能够有效地促进不同文化之间的交流和理解。

在乔娇娇所著的《中国饮食》一书的翻译过程中，纽马克的交际翻译理论得到了充分的体现。该书的对外交流目的明确，旨在向国际社会介绍中国丰富多彩的饮食文化。因此，在翻译过程中，译者需要更加注重读者的感受和理解，尽可能地将复杂的或隐晦的汉语词汇转换为更易于英语读者接受的形式。这种翻译理念不仅有助于保留原文的文化特色，还能够更好地传达原语言所蕴含的意思，从而达到交际的目的。

值得一提的是，交际翻译理论并非一成不变，它需要根据具体的翻译任务和文化背景进行灵活应用。在翻译实践中，译者需要不断学习和探索，以更好地运用这一理论来指导自己的翻译工作。同时，随着全球化的不断推进和跨文化交流的日益频繁，交际翻译理论的应用范围也将更加广泛，为不同文化之间的交流与理解搭建起一座坚实的桥梁。

2. 翻译目的论

翻译目的论（Skopos Thoery）是功能翻译理论中最重要的理论，由德国翻译理论家汉斯·费米尔（Hans Vermeer）和卡塔琳娜·莱斯

（Katharina Reiss）于20世纪70年代开始先后提出并逐步将其发展与完善。它是“自20世纪70年代以来德国最具影响的翻译学派”[①]。其中Skopos为希腊语，意为“动机、目的、功能”。翻译目的论决定任何翻译过程的首要原则是整个翻译行为的目的，强调翻译方法和翻译策略必须由译文预期目的或功能决定。功能翻译目的论认为，翻译是以原文为基础的有目的的行为，是一种有明确目的和意图的跨文化交际活动。功能目的论强调“功能＋忠实”，译者必须把译文功能与处于特定语境的源语文本同时加以细致的分析和考虑，在与译文功能不相悖的情况下，尽可能地保持译文与原文在语言特色上的一致性，在必要时保持原文特有的东西，使译文文本功能得到完美的实现。

目的论的核心思想是翻译方法和策略必须由译文的预期目的或功能决定，根据翻译目的论，译者在对文本进行翻译之前首先要明确文本类型、文本功能和翻译目的。英国翻译理论家彼得·纽马克（Peter Newmark）把语言功能和翻译结合起来，进一步发展了赖斯的功能分类学说，根据各类文本在语言文体、内容和功能等方面的不同，将文本划分为“表达型文本”（expressive text）、“信息型文本”（informative text）和“呼唤型文本”（vocative text）。[②]

费米尔与诺德提出了译者在翻译过程的三大原则，即目的、连贯和忠信原则。目的原则是指翻译活动在译语环境中所要达到的预期目的，它决定了翻译行为的整个过程，并随着受众的不同而变化。连贯原则是使译文与受众的交际情境连贯一致并可接受，达到语内连贯。忠信原则是指基于目的原则、连贯原则之上，原文一定要与译文具有关联性，达到语际连贯。目的原则是翻译过程中的最高法则，忠诚原则服从于连贯原则，而这二者都服从于目的原则。

饮食文化文本语言简短精练、通俗易懂，且具有很强的目的性。以目的论作为理论指导饮食文化翻译，译者可以洞悉现有翻译现象和问题，提出创新性翻译策略解决现存问题。

---

① 谭载喜．西方翻译简史（增订版）[M]．北京：商务印书馆，2004：16.

② Newmark, Peter. *Approaches to Translation*[M]. Oxford and London: Pergamon Press, 1988: 1.

（二）饮食文化翻译的原则与策略

1. 饮食文化翻译的原则

在交际翻译理论和翻译目的理论指导下，饮食文化的翻译除了强调翻译的准确性、流畅性和自然性外，还应特别关注文化的传递与沟通。在翻译过程中，译者不仅要将饮食的名称、原料、制作方法等基本信息准确传达，更要注重传递饮食背后的文化内涵和象征意义。因此，饮食文化的外宣翻译需要遵循“尊重文化差异性”原则、“保持文化自信”原则。

（1）尊重文化差异性原则

在全球化的大背景下，不同饮食文化间的交流变得日益频繁，译者在这一过程中扮演着举足轻重的角色。他们在翻译饮食文化时，不仅要传达食物的味道、口感和烹饪方法，更要尊重并体现其中蕴含的文化差异和习俗差异。这种尊重不仅是对原文的尊重，更是对源语文化、源语国家人民的尊重。

每个国家、每个地区都有其独特的饮食文化和习俗，这与其地理位置、气候、历史背景等多方面因素有关。在中国，有“十里不同乡，百里不同俗”的说法，意指即使在同一个国家内部，不同地区的饮食文化和习俗也存在明显的差异。例如，东北人偏爱炖菜，其独特的烹饪方式和口感反映了东北地区寒冷的气候和丰富的食材；而四川人则钟爱麻辣风味的菜肴，这与四川地区湿润的气候和辣椒的种植有着密切的关系。

当译者面对这些具有鲜明地域特色的饮食文化时，他们不仅要了解这些菜肴的制作方法、口感和风味，更要深入了解其背后的文化故事和历史背景。只有这样，他们才能准确地传达出这些菜肴所蕴含的文化内涵，让目标语读者能够真正感受到其独特魅力。

在翻译过程中，尊重文化差异是非常重要的。这不仅体现了译者对传统文化的包容性，更体现了他们对饮食文化的深入理解和尊重。同时，这也对译者提出了更高的要求。他们不仅需要具备扎实的语言功底，还需要对源语文化和目标语文化有深入的了解和研究。只有这样，他们才能采用适当的翻译策略，提升翻译的科学性和合理性。此外，不同国家的民众接受能力也存在差异。因此，译者在翻译饮食文化时，还需要根据目标语读者的普遍接受力选择相关词语，这样既能体现翻译的人性化和个性化，也能为饮食文化的传播和弘扬奠定坚实基础。

因此，译者在翻译饮食文化时，既要尊重文化差异和习俗差异，又要考虑目标语读者的接受能力，才能真正做到既传达出食物的美味，又传递出文化的魅力。

（2）保持文化自信的原则

中国自古以来就以其丰富的饮食文化闻名于世。饮食不仅是为了满足饥饿，更是一种文化的传承和展现。在我国传统文化中，饮食文化占据着举足轻重的地位。而当我们通过翻译将这种深厚的饮食文化传播给世界各地的民众时，译者更应该珍视其文化特色，让其在翻译过程中得以保留和体现。

在翻译饮食文化时，译者要始终牢记保持其文化特色是至关重要的，这不仅能吸引外国民众深入了解我国的传统文化，还能让他们感受到中国饮食文化的独特魅力。同时，翻译过程中的文化自信也是不可忽视的。只有当人们对自己的文化充满自信时，才能在翻译时做到得心应手、游刃有余。这种自信不仅来自我们对自己文化的深刻了解，更来自我们对文化多样性的尊重和包容。在跨文化交际视域下，翻译人员更应该保持这种文化自信，通过翻译加强文化交流，推动中国饮食文化走向世界。

饮食文化的翻译过程本身就是一个文化交流的过程。在这一过程中，我们不仅要尊重文化的差异性，还要保持文化自信。只有这样，译者才能精准地翻译出饮食文化中蕴含的深刻文化内涵，让中国饮食文化真正走出国门、走向世界。

总之，交际翻译理论和翻译目的论指导下的饮食文化翻译是一项艰巨而又有意义的任务。译者需要尊重文化差异性、保持文化自信，才能提升饮食文化翻译的科学性和合理性，推动传统饮食文化快速普及和发扬。

2. 饮食文化翻译的策略

（1）直译法

赵佩茹认为，在中国饮食文化中，众多文化元素、菜肴原材料以及烹饪手法等，均具备直接为外国读者所领悟的潜力。[1]鉴于此，直译方式能够以一种简洁且忠实的方式，有效还原原文内容。实际上，直译法在该书饮食类词句的翻译过程中，被频繁采用。

尽管中外文化间存在显著差异，但也不乏共通之处。从交际原则的视角出发，对饮食词汇中蕴含的文化共通性内容采用直译的翻译策略，既能有效保留原文的语言结构与文化内涵，也能达成良好的交际效果。

直译法是在跨文化传播视阈下，译者根据饮食文化特点和菜肴特色而选择的一种翻译方法，是能够将保留饮食文化内涵、有效传播中国饮食文化的一种翻译策略。直译法能够通过体现菜肴的制作材料和烹饪手法，引导海外食客感受和认知我国的饮食文化，有助于他们了解具有中国特色的饮食原料和烹调手法。

在翻译过程中，译者应尽量保留中国菜肴的本土特色。对于具有地域特色的菜肴，译者可以采取直接保留地名、人名的直译方式，以体现菜肴的地域文化背景。

① 以人名（创始人）、地名（发源地）开头的译法。例如：

原文：广东香肠

译文：Guangdong Sausage

“广东香肠”这道菜肴中带有地名，译者可以直接保留地名，将其翻译成“Guangdong Sausage”。这种方式能够使外国食客在品尝这道菜肴时，不仅能感受到其美味，还能感受到其独特的地域文化。

然而，并非所有的菜肴都适合使用直译方法进行翻译。对于一些体现地方风味的菜肴，可以在翻译后加上“Style”一词，以凸显菜肴中的地方风味。

② 地名 + Style 的译法。例如：

原文：京酱牛肉

译文：Beef Cooked with Soy Sauce, Beijing Style

① 赵佩茹. 从文化角度讨论中国菜名的英语翻译[D]. 北京：中国地质大学(北京),2013：25.

“京酱牛肉”属于地道的北京特色，译者可以利用直译方法进行翻译，这种方式能够使外国食客在品尝这道菜肴时，不仅能够感受到其美味，还能感受到其独特的北京风味。

原文：库车汤面
译文：Kuche Noodles in Sour Soup

“库车汤面”是新疆库车的一道地方小吃，是将羊肉煮熟切薄片，另以羊尾油丁加调料成汤，反复浇黄面烫热，放肉片等而成。译者可以采用直译法进行翻译，保留“库车”这一地名，体现出它独特的地方风味。

原文：哈萨克熏马肠
译文：Kazaks’ Smoked Horsemeat Sausage

“哈萨克熏马肠”是新疆哈萨克族过冬必备的食物。初冬时节，哈萨克人家要屠宰牲畜准备冬肉，腌制熏干过冬，熏制的肉香味浓郁、耐贮藏。译者直译保留“哈萨克”，使外国食客品尝这道美食时，可以领略下新疆的特色文化。

此外，在翻译过程中，译者可以根据菜肴的特色和文化差异，选择能凸显饮食文化的翻译手法。例如，对于一些中国特色菜肴，可以突出烹饪方式和主要原料。

③ 烹制方法 + 主料的译法。例如：

原文：烤全羊
译文：Roasted Whole Lamb

“Roasted”交代了烹制方法是“烤”，而“Whole Lamb”说明主料是“整只羊”。这种译法使外国食客对这道久负盛名的新疆特色菜肴有了直观的感受。

直译法是在跨文化传播视阈下，依据饮食文化特点和菜肴特色而选择的翻译方法，是能够保留饮食文化内涵、有效传播中国饮食文化的重要方式。在翻译过程中，译者应尽量保留中国菜肴的本土特色，通过直译保留地名（人名）、地名 + Style、烹饪方法 + 主料等方式，使外国食客能够更好地理解和感受我国的饮食文化。

（2）直译 + 注释法

在翻译实践中，译者常常会采用直译和注释法来处理一些特殊的语境或文化意象。直译是指直接按照原文的语序和词汇进行翻译，以尽可能保留原文的表达方式和语感。而注释法则是在直译的基础上，对那些可能引起误解或者文化背景较深的词汇或短语进行解释和注解，以帮助读者更好地理解和接受这些内容。通过直译和注释法的结合，译者可以更准确、更生动地传递原文的信息，同时也能让读者在理解语言的同时，接触到不同的文化背景和思维方式，增强翻译的可读性和教育性。例如：

原文：四喜丸子

译文：Four-Joy Meatballs（Meat Balls Braised with Brown Sauce）

原文：薄皮包子

译文：Thin-skinned steamed stuffed bun（A combination of wheat flour and salted water with the fillings of diced mutton, smashed onion, and ground pepper）

"四喜丸子"是经典的中国传统名菜之一，属于鲁菜菜系。由四个色、香、味俱佳的肉丸组成，寓人生福、禄、寿、喜四大喜事。此道菜常用于喜宴、寿宴等宴席中的压轴菜，以取其吉祥之意。因此，译者将其直译为"Four-Joy Meatballs"，然后添加注释"Meat Balls Braised with Brown Sauce"；新疆民族特色食物"薄皮包子"可先直译"Thin-skinned steamed stuffed bun"，再添加注释"A combination of wheat flour and salted water with the fillings of diced mutton, smashed onion, and ground pepper"，直译和注释相结合的英译菜单不仅使外国客人了解了该食物的实际做法及原料，又推广了中国特色饮食文化，达到了饮食翻译的预期目的。

（3）音译法

在翻译实践中，音译法可以保留原文的文化词汇读音，使中国文化内涵得以传播。但音译并不代表所有文化类词汇皆可使用，而是在确保读者理解词义的前提下方可使用，这样才能兼顾文化的交流和传播目的。比如，一些具有浓厚中国特色的食品，如饺子、粽子等，由于其独特性，往往缺乏对应的翻译词汇。这时译者可以采用音译法，尽量保留食品的核心功能和特色，同时增强饮食文化的活力。例如：

原文：饺子

译文：Jiaozi

原文：粽子

译文：Zongzi

虽然这种音译的方法较为简化，但它能在最大程度上保留食品的特色和风格。这种方法既简洁明了，又能准确传达食品的内涵，对于传播我国饮食文化具有重要意义。

（4）音译 + 意译法

原文：新疆大盘鸡

译文：Xinjiang Dapanji（Large-plate Fried Chicken and Potato）

这种采用音译“Xinjiang Dapanji”和意译“Large-plate Fried Chicken and Potato”相结合的译文既有一定的异化效果，又便于外国人理解，推广了中国的民族特色文化。

（5）音译 + 注释法

原文：抓饭

译文：Zhuafan（Rice to Be Eaten with Fingers）

原文：烤包子

译文：Kaobaozi（Baked Dumpling with Stuffings of Onion and Minced Lamb）

“抓饭”是新疆各族人民喜爱的一种食物，被音译为“Zhuafan”，再加上简单注释“Rice to Be Eaten with Fingers”，既体现了这一特色食物的主料，又说明了食用的方法；“烤包子”可音译为“Kaobaozi”，简单注释“Baked Dumpling with Stuffings of Onion and Minced Lamb”，使外国食客对这一新疆特色食物的烹饪方法及配料都有所了解。[①] 音译+注释的翻译方法简洁、清晰、易懂,既有新疆特色,又表达了对外国人的尊重,有利于中国的民族特色食品走向世界,实现文化传播的预期目的。

(6)意译法

在翻译实践中,意译法赋予了译者更大的灵活性,允许其不局限于原文的语言结构,而是根据所传达的内容核心进行翻译。尤其在饮食文化翻译上,当面对大量富含浓厚地方文化特色的词汇时,意译法能够将深层的文化内涵转化为被读者熟知的语言环境和概念,从而有效地促进交流的顺畅与理解的深入。

原文:霸王别姬

译文:Stewed Turtle with Chicken

原文:百年好合

译文:Red Bean Fresh Lily Bulb

中国菜名重在“雅”字,为了展示文化底蕴内涵,中餐菜品的命名在不断追求“意美”这一境界,极富浪漫主义色彩,颇有古风诗韵,如“霸王别姬”“百年好合”等。在饮食文化的交流中,中西方菜名的差异直观体现出语言文化的差异。中国菜名多为意象、比喻形式的体现,有时由于地域文化的历史传承,菜名甚至融入当地的民间传说、典故、习俗等。如此其目的不仅在于命名,更是在于文化渲染、文化传播、文化传承、寄托情感、弘扬历史、增强地域民族感染力。基于本国文化的熏陶荡涤,中国本土居民理解起来并不困难,但是由于中西饮食文化的差异,西方人难以意会,他们注重简单、明了、实在,菜名只需要体现菜肴的原料和做法,西方菜名颇为直接。

上例中,“霸王别姬”不仅是一道美味佳肴,还承载着深厚的文化意义和历史故事。这道菜原名“龙凤烩”,后更名为“霸王别姬”,以鳖(甲鱼)和鸡为主要食材,通过谐音双关的方式,巧妙地表达了西楚霸王项羽和其妃子虞姬的爱情故事。“百年好合”是一道以赤小豆、百合、荸荠粉等为原材料制作的粤菜系菜品,寓意着“百年好合、白头偕老”,希望夫妻永远幸福美满、相濡以沫。因而,在翻译此类“写意型”菜肴时,应

① 谢旭升.特色汉英翻译教程[M].乌鲁木齐:新疆大学出版社,2009:13.

采用意译法，"Stewed Turtle with Chicken" 和 "Red Bean Fresh Lily Bulb" 的译文舍弃了菜名中对信息传递无关的信息，直接指出菜肴的主料、配料和烹饪方法等基本信息。重视菜肴的信息传递功能，以实代虚，化繁为简，简明扼要地译出菜肴的主料及做法，为外国人提供准确的菜肴信息，避免"虚"而不"实"。

第二节　服饰文化传播与翻译

一、服饰文化

（一）服饰文化的定义

中国传统服饰文化是指中华民族在长期历史发展过程中形成的，具有独特审美观念、工艺技术和文化内涵的服饰体系。这一文化体系源远流长，承载着丰富的历史信息和民族情感，是中华文明的重要组成部分。

中国传统服饰文化以其独特的魅力，展现了中华民族的智慧和创造力。从古代的丝绸、麻布到现代的合成纤维，从精致的刺绣、织花到简约的线条设计，中国传统服饰文化在材料选择、制作工艺和审美风格上都有着鲜明的特点。[①] 这些特点不仅体现了中华民族的审美观念，也反映了不同时期的社会风貌和文化内涵。

在中国传统服饰文化中，色彩和图案的运用也是极具特色的。红色、黄色、绿色等鲜艳的色彩被广泛应用于服饰的装饰中，寓意着吉祥、繁荣和生机。同时，各种寓意深刻的图案如龙、凤、牡丹等也被巧妙地绣制在服饰上，寓意着吉祥如意、富贵荣华。

此外，中国传统服饰文化还注重服饰与人的和谐统一。在服饰的设计上，不仅考虑人的身材、气质和年龄等因素，还注重服饰与人的性格、职业和身份等方面的匹配。这种以人为本的设计理念，使中国传统服饰

① 李芒环．古往今来话中国　中国的服饰文化[M]．芜湖：安徽师范大学出版社，2012：17.

文化更加贴近人民的生活,也更加具有民族特色。

(二)服饰文化的特征

中国传统服饰文化是中国文化的重要组成部分,具有独有的特征。[①]下面将从几个方面探讨中国传统服饰文化的特征。

1. 实用性

中国传统服饰作为中华文化的重要组成部分,其独特的设计和实用性一直备受赞誉。这些服饰不仅注重保暖、舒适和实用性,还蕴含着丰富的文化内涵和审美价值。

首先,中国传统服饰的实用性是其最为突出的特点之一。在古代,人们为了应对寒冷的冬季,常常穿着宽大的衣服来保暖。这些服饰不仅能够有效地抵御严寒,还具有良好的透气性,使人们在穿着时既不会感到过于闷热,也不会因为寒冷而感到不适。此外,传统服饰的设计也充分考虑了人们在日常生活中的实际需求。例如,女性穿着的旗袍在裙摆处采用了宽松的设计,使女性在坐下时不会感到拘束;而男性穿着的长袍则设计了宽大的袖口,方便他们在需要时脱下脚上的鞋子。

其次,中国传统服饰还体现了高超的艺术性和审美价值。在古代,服饰不仅是人们日常生活的必需品,更是一种身份、地位和品位的象征。因此,传统服饰的设计往往融合了各种艺术元素,如绘画、刺绣、织锦等,使这些服饰在外观上更加精美、华丽。同时,传统服饰的色彩和图案也充满了文化内涵和象征意义。例如,红色被视为吉祥、繁荣的象征,常常用于喜庆场合的服饰;而龙凤图案则代表着皇家的尊严和权威。

2. 象征意义

在中国传统服饰中,每个元素都蕴含着丰富的文化内涵和象征意义。这些象征意义源于中国数千年的历史文化,经过时间的沉淀和演

① 吴欣.衣冠楚楚 中国传统服饰文化[M].济南:山东大学出版社,2017:26.

变，形成了独特的文化符号。

龙是中国传统文化中的重要象征，起源于新石器时代的图腾崇拜。龙是一种虚构的生物，具有蛇身、鸟爪、鹿角、鱼鳞等特征，被视为吉祥、权威和神秘的象征。在传统服饰中，龙的形象通常以图案或刺绣的形式出现，如龙袍、龙凤褂、龙旗等。[①] 这些服饰的龙图案既展示了皇权的尊贵，又彰显了中华民族的自豪感。

颜色在中国传统服饰中具有象征意义。红色代表喜庆和吉祥，源于古代五行学说。在中国婚礼中，新人穿着红色的新娘服和礼服，寓意着喜庆、吉祥和美满。此外，红色还象征着尊贵和喜庆，如新春对联、节日灯笼等。黑色则代表庄重和神秘，源于古代礼仪制度。在中国古代，黑色被视为尊敬和权威的象征，如皇帝的龙袍、官员的官服等。此外，黑色还象征着悲伤和哀思，如丧葬礼服、祭祀服饰等。

此外，中国传统服饰中的图案和纹样也具有象征意义。例如，云纹、龙纹、凤纹等，分别象征着天、地、万物。云纹象征着天地的广袤和神秘，龙纹象征着权威和尊贵，凤纹象征着吉祥和幸福。这些图案和纹样在传统服饰中的应用，既展示了中华民族独特的审美观念，又彰显了丰富的文化内涵。

3. 传统工艺

中国传统服饰制作工艺独特，世代相传，是中华文明的重要组成部分。刺绣作为传统服饰制作的重要工艺之一，已有数千年的历史。刺绣是中国传统服饰中最具有代表性的装饰手法之一，它采用针线和彩色的线，在织物上绣出精美的图案。刺绣不仅具有极高的艺术价值，而且也是研究古代纺织技术的重要资料。

在传统服饰制作中，刺绣工艺的运用十分广泛。无论是官服、礼服还是日常服饰，刺绣都占据了重要的地位。除了刺绣，传统服饰制作还需要采用许多传统工具。这些工具不仅具有实用性，而且也是研究古代工艺的重要资料。例如，剪刀是传统服饰制作中必不可少的工具，它用于裁剪布料，使服饰的尺寸和形状更加准确。尺子也是传统服饰制作中常用的工具，它用于测量布料的长度、宽度和厚度，确保服饰制作的准

① 张志春．中国服饰文化(第3版)[M]．北京：中国纺织出版社，2017：15.

确性。针线盒是传统服饰制作中必备的工具，它用于存放针线，方便制作过程中随时取用。

此外，传统服饰制作还需要遵循一定的工艺流程。首先，需要选择合适的布料，布料的选择直接影响到服饰的质量。其次，需要进行图案设计，图案设计需要考虑服饰的用途、场合和人物的身份等因素。然后，需要进行刺绣，刺绣需要根据图案设计进行操作，确保图案的准确性和美观性。最后，需要进行服饰的整理和修剪，使服饰更加合身和舒适。

综上所述，中国传统服饰文化是中国文化的重要组成部分，具有实用性、象征意义、传统工艺等独有的特征。这些特征使中国传统服饰在文化、艺术、历史等方面都具有重要的价值。

（三）服饰文化的分类

1. 根据地域划分

从地域层面来说，中国传统服饰文化可以分为汉族服饰和其他少数民族服饰两大类。汉族服饰作为主体，占据了传统服饰文化的主导地位，而其他少数民族服饰则以其独特的民族特色和文化内涵，共同构成了中国传统服饰文化的丰富多样性。

汉族服饰按照历史时期和地域特点，可以进一步细分为多个子类。古代汉族服饰以汉服为代表，包括深衣、袍服、襦裙等多种款式，注重色彩搭配和图案设计，体现了古代汉族社会的审美观念和礼仪制度。而在不同地域，汉族服饰也呈现出不同的特色，如江南水乡的蓝印花布、福建客家的土楼服饰等，都展现了地域文化的独特魅力。

除了汉族服饰外，中国传统服饰文化还包括了众多少数民族服饰。这些少数民族服饰以其独特的款式、色彩和图案，展现了各自民族的文化传统和审美追求。例如，藏族的藏袍、维吾尔族的艾德莱斯绸、苗族的苗绣等，都是中国传统服饰文化中的瑰宝。

2. 根据用途划分

根据不同的历史时期、地域和民族特点，可以将中国传统服饰文化分为以下几个类别。[①]

（1）民间服饰

民间服饰是指在民间日常生活中使用的服饰，具有鲜明的地域特色和民族风格。民间服饰的设计注重实用性和舒适性，讲究勤俭节约，色彩鲜艳，图案多样。民间服饰的种类丰富多样，如汉服、唐装、旗袍、中山装、藏族服饰、维吾尔族服饰等。

（2）少数民族服饰

我国是一个统一的多民族国家，各个民族都有自己独特的服饰文化。少数民族服饰的设计注重民族特色，色彩鲜艳，图案多样，如藏族的唐装、维吾尔族的帕克斯坦、哈萨克族的毡帽、蒙古族的马褂等。

（3）传统节日服饰

中国传统节日服饰是指在传统节日庆典活动中使用的服饰，具有浓厚的民间风情和民族特色，如汉服、旗袍、唐装、马褂、中式礼服等。

（4）婚礼服饰

婚礼服饰是指在婚礼仪式中使用的服饰，具有浓厚的喜庆气氛和象征意义。婚礼服饰的设计讲究吉祥如意，色彩鲜艳，图案多样，如龙凤褂、喜字鞋、红盖头、凤冠霞帔等。

总之，中国传统服饰文化是我国传统文化的重要组成部分，反映了我国历史、民族、民俗等多方面的特点。随着现代社会的发展，传统服饰文化逐渐受到人们的重视，越来越多的年轻人开始关注和传承这一宝贵的文化遗产。

（四）服饰文化的功能

中国传统服饰最根本的用途是遮羞保暖。随着历史的发展，服饰的功能也不仅局限于此。在中国古代，服饰的装身功能被提到突出地位，使其作为一种区分贵贱和等级的工具。不同等级的官员所绣图案不同，有着严格的等级规定，不可越级使用。中国传统服饰强调整体和谐的设计原则。在盛唐时期，国力殷实，对外经济、文化交流甚广，服饰也随之广博各国之长，推出无数新奇美妙的冠服。特别是女装，色彩艳丽夺目，款式奇异纷繁，大胆开放。而至宋代，国力渐弱，以“理学”为统治思想，

① 张媛媛，成国良，孙振可，等．中国传统服饰文化与装饰工艺品研究[M].北京：中国纺织出版社，2018：26.

宋代服饰受到理学思想的影响，崇尚“中正平和”，讲究规矩方正，强调儒雅和谦让，衣饰色彩较为清雅素淡。[①] 女装衣领高耸，袖口宽大，裙子长至曳地，服饰纹样也变得简约。这种风格一直延续到明清时期，成为中国传统服饰的主流。

二、服饰文化翻译

（一）文化翻译观与服饰文化翻译

翻译研究的“文化转向”是一个具有深远影响的概念，它是由于巴斯奈特（Susan Bussnett）等人提出的[②] 这一转向不仅改变了翻译研究的方向，更对翻译实践产生了深远的影响。巴斯奈特的文化翻译观作为这一转向的重要理论支撑，为我们提供了一种全新的视角来审视翻译的本质和作用。

巴斯奈特强调，翻译并非简单的语言之间的转换，而是涉及深层的文化交流。这种交流既包括文化内部的互动，也涵盖了不同文化间的对话与碰撞。这一观点打破了传统翻译理论中以语言为核心的限制，将翻译置于一个更加广阔的文化背景中。在巴斯奈特看来，翻译的单位应该是文化，而非传统的词、句子、段落或语篇。这意味着翻译不仅是语言符号的转换，更是文化信息的传递。因此，译者需要具备深厚的文化素养，以便在翻译过程中准确地传达原文本中的文化内涵。此外，巴斯奈特还提出，翻译不应局限于对原文本的描述，而应超越语义等值的局限，实现文化中的功能等值。这意味着翻译不仅要保持原文本的语义信息，还要尽可能地保留其文化特色和语用功能，以满足不同文化背景下的读者需求。

值得一提的是，巴斯奈特的翻译观也强调翻译规范和原则的动态性。她认为，翻译规范和原则并非一成不变，而是随着时代和社会的发展而不断调整和变化。这种动态性使翻译能够适应不同的文化需求，推

① 周丹，余演，谭燕保．中国服饰文化翻译[M].武汉：武汉大学出版社，2021：56.

② Bassnett, Susan. *Translation Studies*[M]. Shanghai: Shanghai Foreign Language Education Press, 2004: 145.

动文化交流的不断发展。

可见，文化翻译观是一种关注文化因素在翻译过程中的作用和影响的理论。在中国传统服饰文化翻译中，文化翻译理论具有重要的应用价值。由于中西方文化背景的差异，中国传统服饰文化的翻译不仅需要翻译文字，更需要传递文化内涵和审美价值。例如，汉服作为中国传统服饰的代表之一，其独特的款式、色彩和图案都蕴含着深刻的文化内涵。然而，在翻译过程中，如何准确地传达这些文化内涵和审美价值，却是一项极具挑战性的任务。

文化负载词作为一类富含深厚民族特性和文化内涵的词汇，在经历了漫长的历史沉淀后，逐渐成了代表一个国家或民族独特生存形态的文化载体。中国服饰文化的文化负载词在颜色、材料、纹样和款式等方面都体现了中华民族深厚的文化底蕴和独特的审美观念。例如，缂丝（Kesi）、龙袍（Dragon robe）等词汇，便是中华民族悠久历史与文化的重要见证。[①] 这些词汇不仅是中国服饰文化的重要组成部分，更是中华民族悠久历史和灿烂文化的重要见证。通过深入了解和挖掘这些文化负载词的内涵和价值，我们可以更好地传承和弘扬中华优秀传统文化，推动中华文化的繁荣发展。

（二）服饰文化翻译的原则与策略

1. 文化翻译观指导下服饰文化翻译的原则

中国服饰文化作为中华民族悠久历史与灿烂文明的重要组成部分，其独特的魅力深深吸引着全球的目光。然而，由于语言和文化背景的差异，许多外国读者在欣赏博物馆藏品时，往往难以完全理解其中蕴含的中国服饰文化负载词。为了使目的语读者能够更好地领略中国服饰文化的魅力，译者在翻译时需遵循以下三个核心原则。

首先，准确传达原文信息是关键。中国服饰文化负载词具有深厚的文化内涵和独特的艺术特色，因此译者在翻译过程中应采用适当的翻译策略，以确保这些词语的完整性和准确性。例如：

① 廖七一．当代西方翻译理论探索［M］．南京：译林出版社，2000：86．

原文：累丝嵌玉双龙戏珠项圈

译文：Gold-filigree and jade-inlaid necklace decorated with double dragons playing beads

对于“累丝嵌玉双龙戏珠项圈”这样的具有复杂工艺和文化寓意的词汇，如果仅仅简单地译为“necklace”，则无法体现出其精致的工艺和深厚的文化内涵。因此，在文化翻译视域下，译者可将其译为“Gold-filigree and jade-inlaid necklace decorated with double dragons playing beads”。[①] 这样的翻译既保留了原词的意义，又通过具体的描绘和解释，使目的语读者能够更好地理解其文化内涵。

其次，贴近目的语文化背景也是至关重要的。中国服饰文化负载词的形成和演变离不开中国几千年的文化沉积和民族特色。因此，译者在翻译过程中，需要从文化翻译的视角出发，采取合适的翻译策略，进行适当的文化转换。这既包括对原文词汇的准确理解，也包括对目的语读者文化背景的深入了解。通过适当的文化转换，译者可以确保翻译结果既能传达原义，又符合目的语读者的文化背景，从而避免产生误解或歧义。

最后，翻译的最终目标是实现文化沟通的目的。巴斯奈特提出的文化翻译观强调了文化交流在翻译中的重要性。这一观念打破了传统翻译中以语言自身为目标的局限性，将文化交流作为翻译的最终目标。对于中国服饰文化负载词的翻译而言，这意味着译者不仅要准确传达原文的意义，还要深入挖掘其背后的文化内涵和美学价值，通过翻译这一手段将源语的意义和文化传达给目的语读者。这既是对中国服饰文化的传承和弘扬，也是促进不同文化之间交流与理解的重要途径。

在翻译中国服饰文化负载词时，译者需要充分发挥其专业知识和跨文化交际能力，通过深入研究原文、了解目的语读者的文化背景和审美习惯、采用适当的翻译策略等方法，确保翻译结果的准确性和可读性。同时，译者还应注重文化的传播和交流，通过翻译向全球展示中国服饰文化的独特魅力和深厚底蕴，为推动中华文化走向世界做出积极贡献。

---

① 卢明玉，冯祥君．中国衣冠服饰汉译英标准化[J]．中国科技翻译，2019（4）：24-27.

2. 文化翻译观指导下服饰文化翻译的策略

根据巴斯奈特的文化翻译理论，翻译并非仅仅局限于语言之间的简单转换，其本质在于实现深层次的文化交流。不同国家、不同民族的文化，历经数百年乃至数千年的地域、气候等自然因素与人文因素的共同塑造与积淀，形成了独具特色的文化形态。服饰是中国传统文化的重要组成部分，在服饰的设计和创作中充分展现了中国特色的制作工艺和深厚的文化底蕴，是展现中国不同民族风貌的重要窗口，其蕴含的文化特色尤为鲜明且具有代表性，恰当的翻译是传播中国服饰文化的重要途径。

然而，在中国服饰文化的翻译过程中，由于中国文化的独特性与部分民族文化的理解难度，服饰翻译并非易事。若译者在翻译过程中未能深入理解不同民族文化的内涵与特点，便可能导致译文准确性不足，进而不利于中国各民族文化的有效传播。基于巴斯奈特的文化翻译观，应在准确传递中国各民族文化精髓的前提下，充分凸显各民族服饰文化的独特魅力，以实现文化交流与传播的最终目标。就具体翻译策略而言，译者可采用异化法、音译法、意译法等多种手段，以确保译文的准确性与文化特色的完美呈现。

（1）异化法

在跨文化的交流中，服饰文化的翻译发挥着不可或缺的作用。服饰不仅是人们日常生活的必需品，更是文化、历史、艺术和社会习俗的载体。因此，如何准确、生动地翻译服饰文化，成为翻译工作者面临的一大挑战。异化法作为一种特定的翻译策略，在这方面显得尤为重要。

异化法，简而言之，就是在翻译过程中，尽量保留原文的句法形式、语言表述和文化内涵，以传达原文的异域风情和特色。这种方法强调对原文的尊重和忠实，旨在让译文读者能够感受到原文的独特魅力和文化内涵。在服饰文化翻译中，异化法具有独特的优势。首先，异化法有助于保留服饰文化的原汁原味。服饰作为文化的一部分，承载着丰富的历史、传统和艺术元素。通过异化法，译文能够更好地保留这些元素，使译文读者能够领略到不同文化背景下的服饰风貌。例如，中国的旗袍、汉服等特色服饰，在翻译过程中运用异化法，能够更好地传递其独特的审美价值和文化内涵。其次，异化法有助于促进文化的交流与传播。在全球化的背景下，不同文化之间的交流与融合日益频繁。通过异化法翻译服饰文化，能够让译文读者更加直观地了解其他文化的服饰风格和特点，增进彼此之间的了解和尊重。这种文化交流有助于打破文化隔阂，促进不同文化之间的和谐共处。

然而，异化法在应用过程中也需要注意一些问题。首先，由于汉英两种语言在词汇、句式等方面存在一定的差异，完全异化法可能会导致译文读者难以理解。因此，在运用异化法时，需要结合具体的语境和读者需求，进行适当的调整和解释。其次，异化法可能会忽略译文读者的文化背景和审美习惯。为了避免这种情况，翻译工作者需要在尊重原文的基础上，考虑译文读者的接受能力和审美需求，进行适当的调整和创新。

在实际操作中，异化法可以分为完全异化法和异化注释法两种。

①完全异化法。完全异化法是一种重要的翻译策略，它强调在翻译过程中尽量保留原文的文化特色和表达方式，通过直译的方式，使译文读者能够更直观地接触到源语言文化的魅力。完全异化法不仅能够传递原文的字面意义，还能在一定程度上传达原文的文化内涵和审美价值。例如：

原文：龙袍

译文：dragon robe

众所周知，"龙"作为中国文化中独特且富有吉祥寓意的服饰元素，经过长时间的服饰文化传播，已经在全球范围内产生了一定的影响。国外群众对"龙"这一传统文化元素有了一定的认识和了解，因此在翻译时，可以直接将其译为"dragon"，既保留了原文的文化特色，又便于国外读者理解。

同样，对于其他具有中国特色的传统服饰，我们也可以采用完全异化法进行翻译。例如：

原文：马褂

译文：mandarin jacket

"mandarin jacket"这一翻译不仅保留了原文的字面意义，还凸显了其在历史长河中的地位和价值。

原文：毡帽

译文：a felt cap

“a felt cap”同样保留了原文的文化特色，使国外读者能够更直观地了解这一传统服饰。

②异化注释法。异化注释法是一种将直译与注释相结合的翻译方法，旨在确保信息在跨文化传播中的准确性和完整性。这种方法特别适用于那些具有独特文化背景和特定含义的词汇或短语。通过直译与注释的结合，我们不仅能够传达词汇的字面意义，还能够揭示其背后的文化内涵和特殊功能。例如：

原文：长袖

译文：long sleeves but which is much longer than our usual size for protecting against the cold

藏族传统服饰中“长袖”若仅直译为“long sleeves”，则可能使目的语受众产生误解，将其与日常生活中常见的长袖服饰等同起来。然而，藏族服饰的长袖实际上具有更长的长度，这是由藏族人民所处的寒冷生态环境所决定的。因此，在翻译时，译者需要在译文中添加适当的注释，以明确区分二者之间的差异。这样的翻译不仅准确传达了“长袖”的字面意义，还揭示了其在藏族服饰中的特殊功能和象征意义。

同样，异化注释法也适用于其他具有特定文化背景的词汇或短语。例如：

原文：穿腰束腰

译文：upper garments with pieced fronts

“穿腰束腰”这一词汇在藏族服饰中指的是一种特殊的穿衣方式。若仅直译为“waistband”，则无法准确传达其文化内涵。因此，译者可以采用异化注释法，将其翻译为“upper garments with pieced fronts”，并在注释中解释其特殊的穿衣方式和文化意义。

（2）音译法

在翻译领域，音译法作为一种特殊的翻译方法，运用拼音等相同或近似的语言形式来传达词义，既保留了原文的文化底蕴，又在最大程度上确保了受众接触到最接近原文的内容，传达出全面准确的信息。

音译法的魅力在于其独特的传达方式。通过采用与原文发音相近的词语，音译法不仅传达了原文的字面意义，还在某种程度上展现了原文的音韵之美。这种方法特别适用于那些富含文化内涵、具有特定发音特征的词汇，如人名、地名等。在音译法的运用中，完全音译法和音译直译法是两种常见的形式。

①完全音译法。完全音译法就是使用拼音来对原文进行翻译。例如：

原文：旗袍

译文：Qipao

旗袍是我国民国时期的一种传统服饰，其特点是长袖、大襟、收腰、开衩，以纽扣或拉链固定。旗袍的设计体现了当时人们对美的追求，既优雅又高贵，深受广大女性的喜爱。而“旗袍”在英文中的翻译为“Qipao”，既准确地传达了旗袍的设计特点，又体现了其在我国服饰文化中的重要地位。

②音译直译法。音译直译法，顾名思义，就是用拼音与英文直译的方式进行翻译。这种方式在翻译字数相对多的服饰类型时，能够帮助目的语受众更好地理解和接受我国的服饰文化。例如：

原文：包头巾

译文：Baotou head towels

原文：中山服

译文：Zhongshan suit

这种翻译策略不仅准确传达了原文的含义，同时也让目的语受众更好地理解我国服饰文化的内涵。

此外，音译直译法还能够有效地保留原文的语言风格和特色。在我国的服饰文化中，有很多独特的语言表达方式，如“襟飘带舞”等，这些表达方式在英文中很难用直译的方式表达出来，但是通过音译直译法，可以有效地将这些表达方式传达给目的语受众，从而让目的语受众更好地理解和接受我国的服饰文化。

（3）意译法

意译，顾名思义，是指在翻译过程中不拘泥于原文的字面意思和格式，而是根据目的语读者的思维方式和表达习惯，灵活传达源语言的文化内涵和深层意义意译法的运用，体现了翻译的艺术性和创造性。由于语言和文化之间存在着差异，直接翻译有时会导致意义的扭曲或误解。而意译法则能够在保持原文意义的基础上，用更符合目的语读者接受习惯的方式表达出来，从而确保信息的准确传递。例如：

原文：瑶族服饰色彩斑斓，纹饰繁缛，领口、袖口、衣边多刺绣、织锦，镶阑干，帽檐、披肩、背袋垂挂红缨。

译文：The Yao costumes are rich colors, patterns and adornments. Embroideries and brocades are often used to ornament collar-bands, cuffs, and lower hems. Hat brims, capes and bags are ornamented with red tassels.

"阑干"作为方言词汇，特指衣物上装饰的花边。在广西地区的少数民族服饰中，如壮族、瑶族等民族的传统服饰，通常会在衣物通身镶嵌一道由丝织或棉织材料制成的辫子，这便是阑干。在译文中，出于文化翻译观的考量，对"镶阑干"这一表述进行了省译处理。"阑干"作为装饰元素，其用途与刺绣、织锦等装饰手法相似，而译文中已充分展现了瑶族服饰纹饰繁复的文化特色。因此，省略"镶阑干"的表述并不会影响译语读者对瑶族服饰文化的理解，反而更符合文化翻译观所强调的注重文化交流的目的。若需保留"镶阑干"这一信息，则需额外添加解释性文字对阑干这一方言名词进行说明，然而此举可能喧宾夺主，导致主要信息无法得到凸显。

第三节 建筑文化传播与翻译

一、建筑文化

（一）建筑文化的定义

中国传统建筑文化是指在中国建筑所体现出来的具有中国特色的建筑思想、建筑技艺、建筑艺术和文化内涵。这些建筑不仅具有实用功能，同时也具有审美价值和文化价值。[①] 中国传统建筑文化不仅包括建筑本身的设计和构造，还包括与之相关的建筑工艺、建筑材料、建筑技术和建筑艺术等方面。

中国传统建筑文化是中国古代建筑艺术的重要组成部分，也是中华文明的重要载体之一。中国传统建筑文化的定义可以追溯到古代，经历了漫长的发展和演变。

（二）建筑文化的特征

中国建筑不仅是一种建筑艺术，更是一种融合了哲学、历史、文化、艺术、工艺等多个领域的综合性文化现象。这种文化现象在中国数千年的历史长河中，经历了无数次的演变和发展，形成了独具特色的建筑风格和建筑体系。

首先，中国建筑文化注重与自然环境的和谐共生。中国古代建筑在设计时，总是尽可能地融入自然环境之中，与山水、树木、气候等自然元素相互协调，形成了独特的建筑景观。这种注重自然环境的设计理念体现了中国人“天人合一”的哲学思想，也体现了中国人对自然的敬畏和尊重。

① 李仲信．雕梁画栋：中国传统建筑文化[M]．济南：山东大学出版社，2017：3.

其次,中国建筑文化强调建筑的社会功能和文化内涵。在中国古代,建筑不仅是居住和工作的场所,更是一种社会和文化的象征。宫殿、寺庙、园林、民居等各种类型的建筑,都承载着不同的社会功能和文化内涵。这些建筑不仅是物质财富的象征,更是精神财富的载体,体现了中国古代社会的文化价值观。

再次,中国建筑文化注重建筑的工艺技术和美学价值。中国古代建筑在建造时,注重运用各种工艺技术和美学手法,追求建筑的完美和精致。无论是木雕、砖雕、石雕等雕刻艺术,还是斗拱、檐口、屋顶等建筑结构,都体现了中国古代建筑工艺的高超水平和美学追求。①

最后,中国建筑文化具有多样性和包容性。中国地域广阔,民族众多,各地域、各民族的建筑风格和文化内涵也有所不同。在建筑文化方面,中国始终保持着多样性和包容性的态度,尊重各地域、各民族的建筑传统和文化特色,形成了丰富多彩的建筑风格和建筑体系。

总之,中国建筑文化具有独有的特征和价值,它是中华民族文化的重要组成部分,也是世界文化遗产的瑰宝。在今天这个快速发展的时代,我们应该更加珍视和传承中国建筑文化,让它在现代社会中焕发出新的光彩。

(三)建筑文化的分类

中国建筑文化源远流长,历经数千年的沉淀与积累,形成了独具特色的建筑体系。根据不同的分类标准,中国建筑文化可以划分为多个类别。

按照历史时期划分,中国建筑文化可分为古代建筑、近代建筑和现代建筑三个时期。古代建筑以木构建筑为主,注重空间层次和景观营造,如故宫、颐和园等皇家园林和寺庙建筑;近代建筑受西方建筑思想影响,开始尝试采用新材料、新技术,如上海外滩的西洋建筑群;现代建筑则更加注重功能性和环保性,如鸟巢、水立方等体育场馆。

按照地域文化划分,中国建筑文化可分为北方建筑、南方建筑、西北建筑、西南建筑等。北方建筑以厚重、粗犷为主要特点,如北京的四合院、东北的土坯房;南方建筑以轻盈、细腻为主要特点,如苏州的园

① 楼庆西.中国传统建筑文化[M].北京:中国旅游出版社,2008:8.

林建筑、福建的土楼；西北建筑多受游牧文化影响，以帐篷、毡房等为主要形式；西南建筑则多受山地环境影响，以吊脚楼、石板房等为主要形式。

按照建筑类型划分，中国建筑文化可分为宫殿建筑、寺庙建筑、园林建筑、民居建筑等。宫殿建筑以皇家宫殿为代表，注重规模宏大、气势磅礴；寺庙建筑以佛教寺庙为主要形式，注重宗教氛围和神秘感；园林建筑以江南园林为代表，注重景观营造和意境表达；民居建筑则以各地传统民居为主要形式，注重实用性和舒适性。

总之，中国建筑文化是一个庞大而复杂的体系，涵盖了不同时期、不同地域、不同类型的建筑风格和文化内涵。这些建筑不仅是人类文明的瑰宝，更是中华民族文化的重要组成部分，值得我们深入研究和传承。

（四）建筑文化的功能

中国建筑文化作为一种独特的文化形式，具有多种功能。它不仅体现了中华民族悠久的历史和深厚的文化底蕴，还承载着人们对于生活、社会、自然等方面的理解和追求。

首先，中国建筑文化是一种美学表达。建筑是人类为了满足自身需要而创造的空间环境，它不仅要满足实用需求，更要给人以美的享受。中国建筑文化在设计中注重形式与功能的和谐统一，追求自然与人工的交融，形成了一种独特的建筑风格。这种风格既有东方的典雅，又有西方的浪漫，使人们在欣赏建筑之美的同时，也能感受到中华民族的文化魅力。

其次，中国建筑文化是一种社会象征。在中国传统文化中，建筑不仅是人们生活的场所，更是社会等级、权力、财富的象征。[①] 宫殿、寺庙、园林等建筑形式，不仅体现了古代皇权、神权、士族等社会阶层的地位和权力，也反映了当时社会的文化、经济、政治等方面的状况。这些建筑不仅具有历史价值，更是人们了解古代社会的重要窗口。

最后，中国建筑文化是一种文化传承。建筑是人类文化的载体，它承载着历史、传统、信仰等方面的信息。中国建筑文化在传承中不断发展、不断创新，形成了许多具有地域特色和文化内涵的建筑形式。这些

① 夏文杰．中国传统文化与传统建筑[M]．北京：北京工业大学出版社，2018：11.

建筑不仅是文化遗产,更是人们传承和弘扬中华民族文化的重要方式。

综上所述,中国建筑文化具有多重功能,它不仅是一种美学表达,更是一种社会象征和文化传承。在今天这个快速发展的时代,我们应该更加珍视和传承中国建筑文化,让它在现代社会中焕发新的光彩。

二、建筑文化翻译

(一)翻译目的论与建筑文化翻译

根据翻译目的论,翻译行为由其目的决定,目的决定手段。译者在翻译前必须思考清楚几个问题:翻译的目的是什么?目标文本的形式应当首先由功能,即目标文本在目标语境中想要达到的目的来决定。所有翻译活动遵循的首要原则是“目的原则”,即翻译应能在译入语情境和文化中,按译入语接受者期待的方式发生作用。

依据翻译目的论,翻译行为的核心在于其预定的目的,这一目的决定了翻译的策略。在进行翻译之前,译者必须深思熟虑以下几个关键问题:本次翻译的根本目标何在?目标文本的呈现形式应首先由其在目标语境中期望实现的功能来决定。在所有翻译实践中,首要且核心的原则便是“目的原则”,即翻译作品应能在目标语言的文化背景中,按照目标读者的期待方式发挥其应有的作用。译者在翻译过程中,必须充分考量译文的实用性、文化适应性以及受众的广泛性等因素。在启动任何翻译任务之前,明确其目标至关重要,否则无法有效进行翻译。建筑文化介绍词作为外宣资料,其核心功能在于向目标读者介绍相关建筑及其背后的文化内涵,因此译文应尽可能地保持与原文一致的功能,使目标语读者能够通过阅读译文,深入了解该建筑及其相关文化。

总之,翻译目的论为中国建筑文化的翻译提供了重要的指导思想和方法论。在实际翻译过程中,我们应明确翻译目的,注重文化差异,选择合适的翻译策略和方法,以推动中国建筑文化的国际传播和交流。

（二）建筑文化翻译的原则与策略

1. 翻译目的论指导下建筑文化翻译的原则

在翻译目的论指导下，建筑文化翻译的原则应当紧密结合翻译目的，确保译文能够准确、生动地传达原文的建筑文化内涵，同时符合目标语言的文化背景和表达习惯。

首先，建筑文化翻译应遵循忠实性原则。忠实性并不意味着逐字逐句地对应翻译，而是要在理解原文的基础上，忠实于原文的建筑文化内涵和精神实质。在翻译过程中，要充分考虑建筑文化的特点，如建筑风格、建筑材料、建筑技术等，确保译文能够准确反映这些特点，避免误解和歧义。

其次，建筑文化翻译应遵循适应性原则。由于不同国家和地区的文化背景、审美观念、价值观念等存在差异，建筑文化翻译需要充分考虑目标语言的文化背景和表达习惯。在翻译过程中，要灵活运用翻译技巧，如增译、减译、改写等，使译文更符合目标语言读者的阅读习惯和审美需求。

最后，建筑文化翻译还应遵循创新性原则。随着时代的发展和社会的进步，建筑文化也在不断变化和发展。因此，在建筑文化翻译过程中，要敢于创新，勇于尝试新的翻译方法和表达方式。这不仅可以丰富译文的表达形式，还可以推动建筑文化的交流与传播。

综上所述，在翻译目的论指导下，建筑文化翻译应遵循忠实性、适应性和创新性原则。这些原则相互关联、相互补充，共同构成了建筑文化翻译的基本框架和指导方针。通过遵循这些原则，译者可以更好地实现建筑文化的交流与传播，促进不同文化之间的相互理解和尊重。

2. 翻译目的论指导下建筑文化翻译的策略

翻译目的论强调翻译的目的和效果，认为翻译是一种有目的的交际行为。在建筑文化翻译中，译者应明确翻译的目的，以目的为导向，选择合适的翻译策略和方法。在翻译策略方面，面对源语与目的语间的文化差异、读者背景知识的欠缺等挑战,译者需要遵循交际目的原则和简洁明了原则,精心选择词汇,运用多种翻译方法和技巧,以确保目的语读者能够准确理解并欣赏中国传统建筑的魅力,译者可以使用任何能够增加译文可接受性和可理解性的方法,如借译、直译加注释、意译等。这些策略可以帮助译者在满足翻译目的的同时,提高译文的可读性和可接受性。

(1)借译

借译(loan translation)作为一种直接翻译方法,其核心思想是直接使用目的语中的表达来替代源语中的表达。借译法在翻译中国传统建筑术语时具有显著的优势,因为它能够有效保留源语的文化特色,同时避免因重新翻译而产生的混乱。

中国传统建筑术语具有强烈的中国文化色彩,这是因为中国建筑在历史演变过程中,吸收了多种文化元素,形成了独特的建筑风格和构造方法。然而,这些术语在西方文化中可能并不存在,或者其对应的术语与源语表达存在较大的差异。因此,在翻译中国传统建筑术语时,采用借译法可以有效解决这一问题。

借译法的基本原则是:如果中西方建筑中有相同或相似的技术和构件,译者可以直接借用英文中的对应术语进行翻译。这样既可以保留源语的文化特色,又可以避免因重新翻译而产生的混乱。例如:

原文:梁与柱

译文:beam and column

西方建筑中的“梁”和“柱”与我国传统建筑中的“梁”和“柱”具有相同的功能和构造,译者可以直接将它们分别译为“beam”和“column”。

原文:阳刻、阴刻

译文:relief, intaglio

中国传统建筑术语中的“阳刻”和“阴刻”这两种雕刻方法在西方建筑中也有类似的表达。这种情况下,译者可以直接借用“relief”和“intaglio”来进行翻译,以保持源语文化特色的完整性。

（2）音译＋注释

在探讨中国传统建筑术语的翻译方法时，音译＋注释无疑是一种富有智慧的选择。这种方法特别适用于那些具有浓厚中国文化色彩且在英语中没有对应词汇的核心术语。通过音译，译者可以根据源语的发音，将其书写符号转化为目的语的书写符号，从而保留术语的文化内涵。

音译通常需要提供注释，可以帮助读者更好地理解术语的内涵和背景信息。例如：

原文：斗拱

译文：Dougong, a type of interlocking wooden bracket

在翻译“斗拱”时，译者可以先用音译法将其译为“Dougong”，然后通过注释“a type of interlocking wooden bracket”说明其含义：“Dougong”指的是一种相互扣合的木质支架。

（3）直译

直译是园林建筑翻译采用较多的翻译策略，最为常见的是“亭”一类，对应的英文为“pavilion”，且“亭”与“pavilion”是少数中英建筑文化交叉的部分，采取直译方式最为恰当。例如：

原文：亭

译文：pavilion

苏州怡园的“面壁亭”译为“Facing Wall Pavilion”，黄山风景区的“翼然亭”译为“Winged Pavilion”。

（4）意译

意译是指不拘泥于源语文本的词汇和句法结构等意译法，即不拘泥于源语文本的词汇和句法结构等，而是以符合目的语表达习惯的方式将源语文本的意思表达出来。这种方法在翻译过程中，译者需要充分理解源语文本的意义，并在理解的基础上，以符合目标语言表达习惯的方式进行翻译。

然而，意译法并不意味着译者可以随心所欲地处理源语文本。相反，他们必须忠实于源语文本的意义。这意味着，译者在进行翻译时，需要尽可能地保留源语文本的原意,同时又要考虑目标语言的表达习惯,使翻译后的文本能够被目标语言的读者理解和接受。

在实际应用中,意译法广泛应用于中国传统建筑术语的英译。中国传统建筑有着悠久的历史,其术语丰富多样,往往需要通过意译法才能准确地传达其意义。例如:

原文:间
译文:beams of width or length
原文:进
译文:courtyard
原文:石听琴室
译文:Listen-to-zither Room

在中国传统建筑中,"间"和"进"是两个常见的术语。前者指的是建筑中梁间的宽度或长度,后者则是由多个院落组成的房屋中的一个庭院。在英译过程中,译者需要根据这两个术语的含义,分别将其翻译为"beams of width or length"和"courtyard"。苏州怡园的"石听琴室"译为"Listen-to-zither Room",传达出了文化含义和意境所需。

第四节　节日文化传播与翻译

一、节日文化

(一)节日文化的定义

中国传统节日文化的内涵,是深深植根于中华民族悠久的历史和文化传统中的。这些节日,如春节、端午节、中秋节等,不仅代表着特定的时间节点,更是传承了丰富的历史文化、民族精神和情感价值。[①]

① 郭玉亮. 中国传统节日文化[M]. 银川:宁夏人民教育出版社,2015:6.

首先,中国的传统节日体现了浓厚的家族和亲情观念。春节是中国传统节日中最重要的一个,它象征着岁末年初,家人团聚,共享天伦之乐。在这个节日里,无论人们身处何方,都会尽力回到家乡,与家人共度佳节。这种对家庭的重视和亲情的珍视,是中国传统文化中非常重要的一部分。

其次,中国的传统节日也蕴含了丰富的文化内涵。比如,端午节这个节日与屈原的爱国精神和诗词文化紧密相连。在这一天,人们会举行各种活动,如赛龙舟、吃粽子等,以此来纪念屈原,同时也弘扬了爱国主义精神。这种文化内涵的传承使这些节日不仅是一种形式,更是一种文化的延续。

最后,中国的传统节日还体现了人们对自然和生活的敬畏与感恩。比如,中秋节这个节日正值秋收时节,人们会在这个时候庆祝丰收,同时也表达了对自然的敬畏和感恩。这种对自然和生活的敬畏与感恩,使人们在享受节日的欢乐的同时,也保持了对自然的尊重和珍视。

总之,中国传统节日文化的内涵丰富而深远,它们不仅是中华民族历史文化的重要载体,也是人们精神生活的重要组成部分。通过庆祝这些节日,人们不仅可以感受到浓厚的亲情和友情,还可以更深入地理解和传承中华文化的精髓。

(二)节日文化的特征

中国传统节日文化源远流长,是我国文化宝库中的瑰宝。它凝聚了中华民族几千年的智慧和情感,承载着民族的精神追求和价值观念。在长期的历史发展过程中,中国传统节日文化形成了许多独有的特征。

首先,中国传统节日具有鲜明的民族性。节日是民族文化的集中展示,中国传统节日充分体现了中华民族的特点和风格。例如,春节、端午节、中秋节等,都是我国人民在长期的生产生活中逐渐形成的,具有鲜明的民族特色。这些节日既有丰富的文化内涵,又具有浓厚的民族情感,凝聚了中华民族共同的精神追求。

其次,中国传统节日具有丰富的文化内涵。每个节日都有其独特的历史渊源、传说故事和传统习俗。例如,春节,源于古代的祭祀活动,寓意着新年的到来,祈求丰收、平安;端午节,起源于纪念屈原,寓意着忠诚、爱国;中秋节,起源于古代的秋祀和月祭,寓意着团圆、和谐。这些节日都蕴含着丰富的文化内涵，体现了中华民族的智慧和文化传承。

再次，中国传统节日具有鲜明的地域性。在我国广大的土地上，不同地区有着各自独特的节日习俗。例如，北方的春节、端午节，南方的清明节、中秋节等，各具特色，反映了不同地区的历史、地理、民俗差异。这种地域性使中国传统节日文化更加丰富多彩，具有较高的文化价值。

从外，中国传统节日具有鲜明的时代性。随着时代的变迁，传统节日的内涵和形式也在不断地发展和变化。例如，现代社会，传统节日的庆祝方式更加多样，除了传统的庆祝方式外，还融入了现代元素，如网络、电视等，使传统节日更加贴近时代，更具吸引力。

最后，中国传统节日具有强烈的社会性。节日不仅是民间的庆祝活动，更是民族、社会共同参与的节日。节日期间，人们会聚在一起，共度佳节，加强团结，增进友谊。这种社会性使传统节日成为中华民族凝聚力和向心力的重要载体。

总之，中国传统节日文化具有鲜明的民族性、丰富的文化内涵、鲜明的地域性、鲜明的时代性和强烈的社会性。这些特征使中国传统节日文化成为中华民族独特的文化符号，传承和弘扬着中华民族的优秀传统文化。

（三）节日文化的分类

中国传统节日文化丰富多彩，根据不同的标准，可以将其分为多个类别。以下是几种常见的分类方式。①

1. 按照节日性质分类

农事节日：这类节日多与农业生产有关，如春节、清明节、端午节、中秋节等。这些节日反映了中国古代农耕文化的特点，人们在这些节日里会举行各种农事活动，祈求风调雨顺、五谷丰登。

纪念节日：这类节日多与历史事件或人物有关，如清明节、端午节、重阳节等。这些节日是为了纪念历史上的重要事件或人物，传承和弘扬民族精神。

① 梁起峰．中国传统节日的文化价值研究[M]．北京：北京工业大学出版社，2023：16-21．

宗教节日：这类节日多与宗教信仰有关，如佛教的腊八节、道教的元宵节、基督教的复活节等。这些节日体现了不同宗教信仰的特色，丰富了人们的精神生活。

2. 按照节日氛围分类

喜庆节日：如春节、元宵节、中秋节等。这些节日氛围喜庆热闹，人们会举行各种庆祝活动，表达对生活的热爱和对未来的美好期许。

肃穆节日：如清明节、重阳节等。这些节日氛围肃穆庄重，人们会举行祭祀活动，缅怀先祖、传承文化。

欢乐节日：如端午节、七夕节等。这些节日氛围欢乐祥和，人们会举行各种娱乐活动，享受生活的美好和乐趣。

总之，中国传统节日文化博大精深，不同类别的节日反映了中华民族的历史、文化、信仰和生活方式。这些节日不仅丰富了人们的生活，也传承和弘扬了中华民族的优秀传统文化。

（四）节日文化的功能

节日文化作为人类社会生活中的一种独特现象，承载着丰富的文化内涵和社会功能。它不仅是一种传统的庆祝方式，更是一种凝聚人心的文化符号，具有深远的社会影响。

首先，节日文化具有凝聚功能。通过共同的节日庆祝活动，人们可以在欢乐祥和的氛围中增进彼此之间的了解和信任，强化集体认同感和归属感。这种凝聚力量可以有效地促进社会团结和稳定，对于维护社会秩序和推动社会进步具有重要意义。

其次，节日文化具有传承功能。节日作为历史文化的载体，通过代代相传的庆祝方式和仪式，将传统文化、价值观念、道德规范等传递给下一代。这种传承不仅有助于保持文化的连续性和稳定性，还能够激发人们的文化自觉和文化自信，推动文化的创新和发展。

再次，节日文化具有娱乐功能。在繁忙的现代生活中，节日成为人们放松心情、享受生活的宝贵时刻。各种丰富多彩的庆祝活动和娱乐节目，为人们带来了欢乐和愉悦，有效缓解了工作和生活压力，提升了人们的生活质量。

最后，节日文化还具有教育功能。通过节日庆祝活动，人们可以学习到许多有关历史、文化、社会等方面的知识，培养良好的道德品质和社会责任感。[①]同时，节日文化还可以激发人们的创造力和想象力，推动社会文化的繁荣和发展。

综上所述，节日文化在凝聚人心、传承文化、娱乐生活和教育引导等方面发挥着重要作用。我们应该珍视和传承节日文化，让其在现代社会中焕发新的生机和活力。

二、节日文化翻译

（一）翻译行为理论

翻译行为理论作为德国功能翻译理论的核心之一，自其诞生以来，一直受到语言学界和翻译界的广泛关注。这一理论的发展历程充满了丰富的学术观点和深入的理论探讨。

早在1965年，语言学派的卡特福德（Catford）首次将翻译视为一种语言转换的行为。[②]他主张翻译过程中的核心在于源语言与目标语言之间的对应转换。尽管他没有明确提出“翻译行为”的概念，但这一观点为后来的翻译行为理论奠定了基础。

然而，真正将翻译行为理论推向高潮的是德国功能学派的学者贾斯特·赫尔兹·曼塔里（Holz-Manttari）。1984年，他借鉴了行为理论和交际理论，提出了“翻译行为论”。[③]他认为，翻译不仅是语言的转换，更是一种涉及多种角色共同参与的跨文化交际行为。这一观点强调了翻译在文化交流中的重要性和复杂性。

功能学派的另一位学者诺德（Nord）在2001年对翻译行为进行了进一步的界定。她认为，翻译行为是译者为实现语言转换而进行的行为活动。她强调了译者在翻译过程中的主动性和创造性，在及翻译行为的

---

① 殷莉，韩晓玲．英汉习语与民俗文化[M]．北京：北京大学出版社，2007：29.

② Catford，J. *A Linguistic Theory of Translation*[M].London：Oxford University Press，1965：186.

③ Holz-Manttari，J. *Translatorisches Handeln：Theorie und Methode*[M]. Helsinki：Suomalainen Tiedeakatemia，1984：243.

目的性和功能性。[①]

在翻译学领域，费米尔（Vermeer）等人的观点具有深远影响。[②]他们认为翻译行为的原单位是文本，这意味着文本的翻译并非仅仅停留在词汇或句子的层面，而是需要从更宏观的语篇层面深入到音素或字素层面。在翻译过程中，翻译者需要对原文进行深入解读，理解其整体结构和意义，再将其转化为目标语言。这种转化不仅要考虑语言的转换，还要关注文化、语境、读者接受度等多个方面。因此，翻译行为不仅是一种语言活动，更是一种文化转移。

翻译行为理论是一种独特的翻译理论，它强调翻译不仅是语言之间的转换，更是一种跨文化的交流行为。在这个理论框架下，翻译被看作一种社会行为，涉及语言、文化、社会等多个方面。这种理论对于翻译中国传统节日文化具有重要的指导意义。

中国传统节日文化是中华民族历史文化的重要组成部分，具有丰富的文化内涵和深厚的民族情感。然而，由于中西文化的差异，中国传统节日文化在翻译过程中往往面临着诸多挑战。如何准确传达节日文化的内涵，让目标语读者能够理解和接受，是翻译中国传统节日文化的重要任务。

在翻译行为理论的指导下，我们可以从以下几个方面入手，提高中国传统节日文化翻译的质量。首先，译者需要深入了解中国传统节日文化的内涵和特点，包括节日的起源、历史演变、庆祝方式等。只有对节日文化有深入的了解，才能准确传达其文化内涵。其次，译者需要充分考虑目标语读者的文化背景和阅读习惯。在翻译过程中，需要避免直译或死译，而是要根据目标语读者的理解和接受能力，灵活运用翻译策略，确保译文既准确又易于理解。最后，译者还需要关注译文的可读性和可接受性。在翻译过程中，可以适当增加注释或解释，帮助目标语读者更好地理解节日文化的内涵和背景。同时，译者也要注意保持译文的流畅性和自然性，避免生硬或晦涩地表达。

总之，翻译行为理论为中国传统节日文化翻译提供了重要的指导。

① Nord, C. *Translating as a Purposeful Activity: Functionalist Approaches Explained* [M]. Shanghai: Shanghai Foreign Language Education Press,2001: 157.

② Vermeer, H. Skopos and Commission in Translation Action[A]. *The Translation Studies Reader*[C]. In Venuti, L.(eds). London and New York: Routledge,2000: 142.

在翻译过程中，我们需要充分考虑中西文化的差异和目标语读者的阅读习惯，灵活运用翻译策略，确保译文既准确又易于理解。只有这样，才能让中国传统节日文化在跨文化交流中发挥更大的作用，推动中外文化交流与融合。

（二）节日文化翻译的原则与策略

1. 节日文化翻译的原则

在翻译行为理论指导下，节日文化翻译应遵循一系列原则，以确保翻译的准确性和文化适宜性。

首先，忠实性原则是节日文化翻译的基础。译者需忠实于原文内容，准确传达节日文化的内涵和意义，避免曲解或遗漏重要信息。同时，忠实性还体现在对文化特色的保留上，译者应尽量保留原文中的文化元素，展现节日文化的独特魅力。

其次，文化适应性原则是节日文化翻译的关键。由于不同文化背景下的节日庆祝方式和意义可能存在差异，译者需要充分考虑目标读者的文化背景和认知习惯，对原文进行适当的调整和解释，以确保译文的文化适宜性和可读性。

再次，翻译行为理论强调了译者的主体性和创造性。在节日文化翻译中，译者应积极发挥主观能动性，根据需要对原文进行创造性的改写或重构，以更好地适应目标文化的语境和需求。

最后，节日文化翻译还应遵循规范性和一致性原则。翻译者应遵循行业标准和规范，确保译文的准确性和规范性。同时，在翻译同一节日文化的不同文本时，应保持翻译风格和术语的一致性，以提高译文的可读性和可理解性。

综上所述，翻译行为理论指导下的节日文化翻译原则包括忠实性、文化适应性、译者的主体性和创造性以及规范性和一致性。这些原则共同构成了节日文化翻译的理论框架和实践指导，有助于推动节日文化的跨文化交流和传播。

2. 节日文化翻译的策略

在翻译行为的指导原则中，首要且核心的是翻译目的决定翻译行为。因此，翻译策略的选择并非随意为之，而是紧密围绕翻译目的进行。翻译目的作为宏观指导因素，对翻译策略的采用具有至关重要的影响。在节日宣传的汉译英过程中，翻译目的可分为源语文本目的与译者目的两个方面。源语文本目的，即源语文本作者所追求的目标，是推动各民族间的文化交流与融合。而译者目的则聚焦于将中国传统节日文化推向国际舞台，使之得到更广泛的认知与关注。在翻译实践中，源语文本目的具有客观性、首要性和决定性，而译者目的则基于源语文本所要传达的信息，具有从属性。当翻译意图与源语文本意图相契合时，译者需将二者有机结合，以实现目标语文本与源语文本的“动态对等”。这就要求译者在深入理解源语文本的基础上，将其准确译为符合目标语表达习惯的目标语文本。

鉴于翻译目的这一宏观因素的影响，译者在翻译时需运用宏观翻译策略，即直译与意译相结合的方法。通过灵活运用这两种策略，译者可以更好地传达源语文本的信息，实现翻译目的，推动文化交流与传承。

（1）直译法

直译法的核心理念在于尽可能保持原文的语义和形式，使之在译文中得到原汁原味地呈现。在节日翻译中，直译法得到了广泛的应用。这种翻译方法体现了对中国传统节日的尊重。

首先，直译法通过字面翻译的方式，将中国传统节日的汉字含义直接转化为英文对应的词语。例如：

原文：春节
译文：Spring Festival

其中“春”和“节”的汉字含义被完整地保留下来，体现了春节作为春季开始的庆祝活动。

原文：中秋节
译文：Mid-Autumn Festival

原文：国庆节
译文：National Day

采用直译法的译文“Mid-Autumn Festival”和“National Day”体现了“中秋节”和“国庆节”丰富的文化内涵，有利于推动节日文化的跨文化交流与传播。

其次，直译法还包括根据节日所在的日期进行翻译。这种方法不仅保留了节日的名称，还体现了节日的具体日期。例如：

原文：端午节
译文：Double Fifth Festival

该例明确指出了端午节是在农历五月初五这一天。

原文：七夕节
译文：Double-Seven Day
原文：重阳节
译文：Double Ninth Festival

“七夕节”和“重阳节”两例都采用了同样的方式，强调了节日与数字之间的联系。

原文：双十一购物节
译文：Double Eleven Day

该例反映了这一新兴节日是在11月11日这一特定日期的庆祝活动。

总之，直译法在节日翻译中的应用，不仅保留了节日的原始含义和形式，还使不同文化背景下的节日在译文中得到了准确地传达。这种翻译方法不仅体现了对原文的尊重，也促进了不同文化之间的交流与理解。然而，需要注意的是，在直译过程中，有时可能会因为语言差异而导致译文难以理解或产生歧义。因此，在实际应用中，译者需要根据具体情况灵活运用直译法，以确保译文的准确性和可读性。

（2）意译法

意译法作为一种独特的翻译策略，在中西方节日的翻译中发挥了重要的作用。它强调不拘泥于原文的形式，更注重原文内容的传达，使翻译结果更具文化内涵和深度。下面我们将深入探讨意译法在节日翻译中的应用，并通过实例来展现其独特的魅力。

①根据节日意象翻译。节日意象是节日文化的重要组成部分，通过意译法将节日意象翻译出来，有助于传达节日的独特氛围。例如：

原文：元宵节
译文：Lantern Festival

"Lantern Festival"突出了"灯"这一核心意象，展现了元宵节灯火辉煌的景象。

原文：端午节
译文：Dragon Boat Festival

"Dragon Boat Festival"突出了"龙舟"这一意象，展现了端午节赛龙舟的热闹场面。

原文：中秋节
译文：Moon-cake Festival

"Moon-cake Festival"强调了"月亮"这一意象，让人联想到中秋夜月圆的美丽景象。

②根据节日活动翻译。节日当天往往有一系列相关的活动，通过意译法将这些活动翻译出来，有助于读者了解节日的庆祝方式。例如：

原文：清明节
译文：Tomb-sweeping Day

"Tomb-sweeping Day"直接反映了"扫墓"这一核心活动，表达了人们对先人的缅怀之情。

原文：重阳节

译文：Senior’s Day

“Senior’s Day”突出了尊老、爱老、敬老的寓意，体现了重阳节敬老爱幼的传统美德。

总之，意译法在中西方节日翻译中发挥着重要作用。通过联系节日有关的意象、活动或节日背后承载的内涵进行翻译，译者采用意译法能够更好地传达节日的文化内涵和深层意义，促进中西方文化的交流与融合。

第四章　传播视阈下中国社交文化外宣翻译

在传播视阈下，中国社交文化的外宣翻译不仅是一项语言转换工作，更是一个跨文化交流的重要过程。通过精准的翻译，译者能够将中国社交文化的独特魅力展现给世界，促进不同文化之间的理解与交流。本章重点研究中国社交文化外宣翻译中的几种常见类型，包括称谓语、敬谦语、委婉语、禁忌语文化的传播与翻译。

第一节　称谓语文化传播与翻译

一、称谓语文化

（一）称谓语文化的定义

称谓语文化是指一种通过称谓语来表达、传递和反映社会文化、价值观念、人际关系等方面的文化现象。称谓语不仅是一个简单的代词，更是一种具有象征意义和文化内涵的语言符号。在不同的文化背景下，称谓语的使用会受到诸多因素的影响，如性别、年龄、社会地位、亲属关系等。此外，称谓语文化还反映了人们对于人际关系和社交礼仪的重视程度。在一些文化中，称谓语的使用甚至被视为一种社交技巧和礼仪规范，能够体现出一个人的教养和素质。

称谓语文化是一种丰富多彩的文化现象，它不仅是一种语言符号，更是一种反映社会文化、价值观念、人际关系等方面的文化符号。通过深入了解和研究称谓语文化，我们可以更好地理解不同文化背景下人们的语言行为和文化心理，进一步促进跨文化交流和理解。

（二）称谓语文化的特征

称谓语文化是人类社会交流中不可或缺的一部分，它承载着丰富的文化内涵和社会价值观。称谓语文化的特征可以从以下几个方面进行阐述。

1. 多样性与复杂性

称谓语文化作为人类语言交流的重要组成部分，展现出了丰富多样和复杂多变的特征。在不同文化背景下，人们的称谓习惯各不相同，即使是同一文化内部，不同的社会群体也可能采用不同的称谓方式。这种复杂多变的称谓语使用现象，实际上是人类社会文化多样性的一个缩影。

不同文化背景下的称谓语差异显著。在东方文化中，尊老爱幼、重视家庭和谐是社会主义核心价值观，因此称谓语多涉及家族成员之间的关系，如“爷爷”“奶奶”“叔叔”“阿姨”等。而在西方文化中，个人主义更为突出，人们更强调个体的独立和自主性，因此称谓语相对简单，通常只包括“Mr.”“Mrs.”“Miss”等基本形式。

这种多样性和复杂性不仅反映了人类社会文化的多元性和差异性，还对社会交流产生了深远影响。恰当的称谓语能够增进彼此之间的理解和信任，促进交流的顺利进行；而错误的称谓语则可能导致误解和冲突，甚至破坏人际关系。

2. 社会性与规范性

称谓语文化是一种具有深厚社会性和规范性的语言现象，它在人类社会中扮演着举足轻重的角色。这种文化现象的核心在于，称谓语的使用并非随心所欲，而是受到一系列社会规范和文化传统的严格制约。

称谓语的社会性体现在其作为社会交际的基本工具上。在各种社会活动中，称谓语的使用必不可少，我们需要通过合适的称谓语来表达对他人的尊重、亲近或疏远。称谓语的规范性则体现在其受到的文化传统和社会规范的制约上。在不同文化背景下,称谓语的使用有着严格的规则和禁忌。例如,在东方文化中,对长辈和领导的称谓往往带有敬重的色彩,如“父亲”“母亲”“老师”“领导”等;而在西方文化中,虽然也有类似的称谓语,但更加强调平等和尊重个体的独立性。

称谓语文化是一种具有深厚社会性和规范性的语言现象。它不仅是社会交际的基本工具,也是文化传统和社会规范的重要载体。

3. 动态性与历史性

称谓语文化具有动态性和历史性的特征,反映了人类社会文化的不断变化和发展。

称谓语文化的动态性体现在其不断变化的特性上。随着社会的快速发展和文化的多元化,人们的交往方式和社交圈子也在不断扩大和变化。这种变化不仅带来了新的社交关系和身份认同,也促使了称谓语的不断创新和变革。例如,随着网络时代的到来,许多新兴的称谓语如“网友”“博主”等不断涌现,这些称谓语反映了人们在虚拟社交空间中的身份和角色。

称谓语文化的历史性则体现在其承载的历史内涵上。称谓语作为一种文化符号,经历了漫长的历史演变过程。在不同的历史时期,称谓语的形式和意义也经历了不同的变化。例如,在中国古代,对于皇帝的称呼有“陛下”“万岁”等,这些称谓语体现了皇权的至高无上和神圣不可侵犯的地位。而在现代社会中,对于领导的称呼则更加多样化和灵活,如“老板”“经理”等,这些称谓语反映了现代社会中权力关系的多元化和扁平化。

(三)称谓语文化的功能

称谓语文化在社会交流中发挥着重要功能。它不仅代表着个体间的社会关系和身份地位,还传递着文化价值观、道德观念和情感色彩。在不同的文化背景下,称谓语的使用规则、形式和意义都各具特色,反映了人们对家庭、社会、性别、年龄、职业等方面的认知和态度。

称谓语文化在构建和维系社会关系方面起着关键作用。在社交场合中，人们通过使用适当的称谓语来表达对对方的尊重和亲近感，从而建立起良好的人际关系。称谓语文化反映了不同的文化价值观。在不同的文化中，称谓语的选择和使用往往受到传统观念、社会习俗等因素的影响。例如，在一些文化中，强调家庭观念和家族传统，因此称谓语往往与家族关系紧密相连；而在其他文化中，更注重个人独立和平等，因此更倾向于使用更为中性或普遍的称谓。

称谓语文化还承载着道德观念和情感色彩。在不同文化中，称谓语的使用往往与道德评价、情感表达等密切相关。例如，在一些文化中，称呼对方时使用敬语或谦辞，被视为一种有教养和尊重他人的表现；而在其他文化中，则可能更加强调直接和坦诚的交流方式。同时，称谓语也可以用来表达亲密、友爱、尊重等不同的情感色彩，如“亲爱的”“宝贝”等称呼，能够传递出深厚的情感。

称谓语文化不仅构建了社会关系和人际关系，还反映了不同的文化价值观、道德观念和情感色彩。因此，在跨文化交流中，了解和尊重不同文化背景下的称谓语使用规则，有助于增进彼此的理解和沟通，促进跨文化交流和融合。

二、称谓语文化翻译

（一）称谓语文化翻译理论

在跨文化交际活动中，称谓语的使用和翻译起着至关重要的作用。由于不同文化背景下的称谓语具有各自独特的文化内涵和语用功能，因此在进行称谓语文化翻译时，必须遵循一定的理论依据，以确保翻译的准确性和得体性。

1. 功能对等理论

称谓语文化翻译是语言学和翻译学领域中的一个重要议题。在进行称谓语文化翻译时，功能对等理论为我们提供了一个有力的理论支撑。这一理论不仅关注原文的词汇和语法结构，更强调原文的语用功能和交际效果。

功能对等理论是1969年由美国翻译理论家尤金·奈达提出的,它强调翻译过程中原文和译文在功能上的对等,而非字面上的对等。在称谓语的文化翻译中,功能对等理论具有重要意义。这是因为称谓语在不同的文化中往往承载着丰富的文化内涵和语用功能,仅依赖字面翻译很难实现真正意义上的对等。

根据功能对等理论,在称谓语文化翻译中,译者需要关注原文的语用功能和交际效果,而非仅关注词汇和语法结构。译者需要根据目标语言文化的习惯和规范,选择具有相同或相似语用功能的称谓语进行翻译,以确保在不同文化背景下的有效沟通。

在翻译涉及亲属关系的称谓语时,由于不同文化中的亲属关系体系存在差异,译者需要特别小心。例如,在中文中,"叔叔"和"伯伯"分别指父亲的弟弟和兄长,而在英语中并没有完全对应的称谓语。在这种情况下,译者需要根据目标语言文化的习惯和规范,选择最接近的称谓语进行翻译,并可能需要在译文中添加解释性说明,以帮助读者理解原文的含义。

2. 语义翻译与交际翻译理论

英国著名翻译家彼得·纽马克(Peter Newmark)在其著作《翻译问题探讨》中提出语义翻译和交际翻译理论。语义翻译理论强调"在目标语言的语义和语法结构允许的情况下,尽可能准确地再现原文的语境意义"[①],译文要最大限度地贴近原文,保留原文的原汁原味,读者可以更加深入地了解原文的语境和作者的意图;依据交际翻译理论,"译文对译文读者产生的效果应尽量等同于原文对原文读者产生的效果,并且译者应试图译出原文确切的语境意义,使译文的内容和语言都容易为读者所接受与理解",更加注重译文的表达效果和读者的接受程度。

纽马克认为,翻译的目的是实现原文与译文之间的交际功能对等,使译文读者能够获得与原文读者相同的阅读体验。因此,在跨文化翻译中,译者在尽可能准确地再现原文的语境意义的前提下,可以根据译文读者的文化背景和阅读习惯,对原文进行适当的调整和处理,使译文更加流畅、自然。由此可见,语义翻译理论与交际翻译理论相结合,适用于

① (英)纽马克.翻译问题探讨(英文)[M].Shanghai: Shanghai Doreign Language Education Press,2001:39.

指导富含文化内涵的称谓语翻译。

称谓语作为语言交际中的重要组成部分,承载着丰富的文化内涵和社交功能。在进行称谓语的文化翻译时,译者需要充分理解并依据语义翻译和交际翻译理论,以确保翻译结果的准确性和自然性。语义翻译强调保持原文的语义内容和风格特点,译者应尽可能保留原文的语义信息,避免信息失真。交际翻译则更注重实现原文的交际效果,译者需要关注原文的交际意图和语境,以确保翻译结果能够自然流畅地传达原文的意图。

在进行称谓语的文化翻译时,译者需要综合考虑语义翻译和交际翻译两种理论,并根据具体的语境和翻译目的灵活选择翻译方法。通过保持原文的语义内容和风格特点,同时关注原文的交际意图和语境,译者可以确保翻译结果既准确传达了原文的语义信息,又自然流畅地实现了原文的交际效果,不仅有助于促进不同文化之间的交流和理解,也有助于推动翻译理论和实践的进一步发展。

(二)称谓语文化翻译的原则与策略

1. 称谓语文化翻译的原则

正确的称谓语翻译不仅能够准确传达信息,还能够促进不同文化之间的和谐共处。以下是称谓语文化翻译原则。

(1)尊重文化差异是称谓语翻译的基本原则。不同文化对于称谓语的使用有着不同的习惯和规范,因此在翻译过程中要充分考虑目标文化的特点,避免使用可能引起误解或冒犯的称谓语。例如,在一些文化中,使用“先生”或“女士”作为尊称是非常普遍的,而在其他文化中则可能被视为过于正式或疏远。因此,译者需要根据目标文化的习惯来翻译称谓语。

(2)保持语义准确是称谓语翻译的核心原则。称谓语往往承载着丰富的文化内涵和语义信息,因此在翻译过程中要尽可能保留其原始含义。这要求译者具备深厚的语言功底和文化背景知识,以便能够准确理解源语言中的称谓语,并找到在目标语言中能够准确传达相同含义的对应词汇。

（3）适应语境变化是称谓语翻译的关键原则。在不同的语境下，称谓语的使用会有所不同。例如，在正式场合中使用的称谓语通常比较庄重和正式，而在非正式场合中则可能更加随意和亲切。因此，译者需要根据具体的语境来翻译称谓语，以确保翻译结果的准确性和得体性。

（4）注重语言美感是称谓语文化翻译的重要原则。称谓语往往具有独特的韵律和美感，因此在翻译过程中要尽可能保持这种美感。译者可以运用修辞手法和词汇搭配等技巧来增强译文的表达力和美感，使读者在阅读过程中能够感受到源语言中的称谓语所蕴含的文化韵味。

称谓语文化翻译的原则涵盖了尊重文化差异、保持语义准确、适应语境变化和注重语言美感等方面。遵循这些原则可以帮助译者更好地处理称谓语翻译中的各种问题，促进跨文化交流的顺利进行。

2. 称谓语文化翻译的策略

（1）转化译法

转化译法，顾名思义是一种在翻译过程中灵活调整原句的词性、语态、句型等要素，以适应目标语言的表达习惯和语法规则的翻译方法。[①]转化翻译策略的核心思想是对原文的观点和角度进行巧妙的调整，使称谓在译入语中能够更自然、更准确地传达出原有的含义。在对称谓文化进行翻译时，转化翻译策略是指对原文的观点和角度进行相应的改变，采取灵活的译法对称谓进行灵活建构，这样更加便于译入语读者理解和表达。

在称谓语翻译过程中，转化翻译策略的运用显得尤为重要。由于不同文化对于称谓的使用和理解存在显著的差异，直译往往难以达到预期的效果。因此，我们需要借助转化翻译策略，根据译入语的文化习惯、语言特点以及读者的接受程度，对原文中的称谓进行再创造，使其在译入语中既能保留原有的意义，又能符合译入语读者的阅读习惯，从而确保信息的准确传递和读者的顺畅理解。

例如，汉语“先生”一词在很多时候是对男性的尊称，在英语中并没有完全对应的单词。在这种情况下，我们可以根据上下文和语境，选择将“先生”翻译为“sir”“gentleman”或“Mr.”等不同的英文称谓。这

① 王蕾．英语构词转类法与英汉翻译词汇转译法［J］．上海翻译，2006（3）：24-27．

样的转化翻译不仅有助于传达原文的尊重之意,还能确保译入语读者能够准确理解。

此外,转化翻译策略还包括对原文称谓的语义进行拓展或缩减。在某些情况下,原文中的称谓可能包含丰富的文化内涵和感情色彩,而在译入语中却难以找到完全对应的表达。这时我们可以通过增加解释性词语、调整语序或改变句式等手段,对原文的称谓进行语义上的拓展,以帮助译入语读者更好地理解其深层含义。相反,当原文中的称谓过于冗长或复杂时,我们也可以适当进行缩减,使其更加简洁明了。

(2)约定俗成译法

在跨文化交流中,亲属称谓的翻译一直是一个有趣而复杂的话题。汉语中的亲属称谓体系丰富而复杂,涵盖了从直系亲属到远房亲戚的各种关系。这些称谓在日常交往中起着重要的作用,反映了中国深厚的家庭观念和文化传统。在翻译汉语亲属称谓时,一种常见的策略是采用约定俗成的方式——直接译之。这种方式基于广泛接受的翻译惯例和读者的理解,使译文更易于被接受和理解。这种翻译方法既保留了源语的语义内涵,又符合目标语言的文化习惯,使交流更加顺畅。

除了直接翻译,有时还需要根据具体语境进行适当的调整。在汉语中,有些亲属称谓可能因地域、文化等因素而有所不同。例如,对于"叔叔"这一称谓,在不同的方言和地区可能有不同的翻译。因此,在翻译时需要考虑这些因素,以确保译文的准确性和地道性。

第二节　敬谦语文化传播与翻译

一、敬谦语文化

(一)敬谦语文化的定义

敬谦语文化是一种独特的语言现象,它源于古代中国社会的礼仪制度和道德观念。在这种文化中,人们使用敬语和谦语来表达对他人的尊敬和谦虚,从而维持社会关系的和谐与稳定。

敬谦语强调人与人之间的尊重和谦逊。在交流过程中,人们会根据对方的身份、地位、年龄等因素,选择适当的敬语或谦语来表达自己的意思。敬语通常用于对长辈、上司、客人等表示尊敬和敬意,而谦语则用于自我谦虚,表达对他人成就的赞美和敬仰。

这种文化现象在中国古代尤为显著,它体现了儒家思想中的"礼"和"仁"的精神。在儒家思想中,"礼"是维护社会秩序和人际关系的重要准则,而"仁"则强调对他人的关爱和尊重。敬谦语正是这一思想的体现,它要求人们在言语中表现出对他人的尊重和谦逊,以营造和谐的社会氛围。

敬谦语不仅是传统文化的瑰宝,更是维护人际关系和社会和谐的重要工具。在外宣翻译过程中,面对敬谦语,我们应该在尊重传统文化的基础上,灵活运用翻译策略进行翻译,确保跨文化交流的顺利进行。

(二)敬谦语文化的特征

敬谦语文化是中国传统文化的重要组成部分,其特征体现在多个方面。

敬谦语文化注重尊重他人。在敬谦语的使用中,无论是称呼、问候还是请求帮助,都表现出对他人的尊重和关心。这种尊重不仅体现在对长辈、领导或权威人士的尊敬,也体现在对平辈、下属或陌生人的礼貌和谦逊。这种尊重他人的态度体现了中国传统文化中的"和为贵"的价值观。

敬谦语文化强调谦逊自律。在敬谦语的使用中,人们往往用谦虚的言辞来表达自己的意见或请求,而不是直接或傲慢地表达自己的立场。这种谦逊的态度不仅体现了对他人的尊重,也体现了对自己的自律和约束。在中国传统文化中,谦逊被认为是一种美德,能够使人保持谦虚、不自满,从而不断进步。此外,敬谦语文化还体现了礼貌待人的传统,不仅能够促进人与人之间的和谐交往,也能够营造出一种温馨、和谐的社会氛围。

敬谦语文化具有尊重他人、谦逊自律和礼貌待人的特征。这些特征体现了中国传统文化中的价值观和道德准则,对于促进人与人之间的和谐交往、维护社会稳定和推动社会进步都具有重要意义。

（三）敬谦语文化的分类

敬谦语文化是人类社会交往中一种重要的语言现象，它体现了人们对彼此身份、地位、年龄、性别等方面的尊重和谦逊。根据不同的分类标准，敬谦语文化可以分为多种类型。

按照使用场合的不同，敬谦语文化可以分为正式场合使用的敬语和日常生活使用的谦语。正式场合使用的敬语通常包括敬称、敬语动词、敬语后缀等，用于表达对长辈、领导、客人等尊贵人物的尊重和敬意。而日常生活使用的谦语则包括自谦语、谦虚语等，用于表达对自己的谦逊和低调，以避免给他人带来不必要的压力或不适。

按照表达方式的不同，敬谦语文化可以分为直接敬谦和间接敬谦。直接敬谦是指直接使用敬称或谦称来表达敬意或谦逊，如“您”“贵公司”“鄙人”等。而间接敬谦则是通过委婉、含蓄的表达方式来传达敬意或谦逊，如“不胜感激”“深感荣幸”等。

此外，敬谦语文化还可以按照地域、民族、文化背景等因素进行分类。不同地域、民族和文化背景下的敬谦语文化有着不同的特点和表达方式，但都体现了人们对彼此尊重和谦逊的共同追求。

（四）敬谦语文化的功能

敬谦语文化作为一种独特的语言现象，承载着丰富的社会功能和人际交往的智慧，它不仅体现了人们对彼此尊重与谦逊的态度，更在深层次上反映了社会的价值观和道德规范。

敬谦语文化在沟通中起到了润滑剂的作用。在人际交往中，通过使用敬语和谦语，人们能够表达出对对方的尊重和谦逊，从而营造出和谐友好的氛围。这种沟通方式有助于减少冲突和误解，增进彼此之间的理解和信任。

敬谦语文化承载着文化传承的功能。通过学习和使用敬谦语，人们能够深入了解传统文化的价值观和道德规范，从而增强对传统文化的认同感和归属感。这种文化传承不仅有助于维护社会的稳定和发展，还能够促进文化的多样性和丰富性。

敬谦语文化在人际交往中具有社交功能。在不同的社交场合中，使用适当的敬谦语能够展现出一个人的修养和素质，提升个人形象。同时，通过使用敬谦语，人们还能够建立和维护良好的人际关系，为个人的成长和发展创造更多的机会和空间。

敬谦语文化在人际交往中发挥着重要的功能。它不仅有助于促进沟通和理解，减少冲突和误解，还能够传承和弘扬传统文化，提升个人形象，建立良好的人际关系。在现代社会中，我们应该积极倡导和实践敬谦语文化，让它在人际交往中发挥更大的作用。

二、敬谦语文化翻译

（一）敬谦语文化翻译理论

1. 翻译目的论

翻译目的论的核心观点在于：翻译行为的整体目的才是决定翻译过程的关键因素。翻译目的论的杰出代表汉斯·费米尔明确指出，翻译是一项基于原文的、有目的性和结果导向的行为。[①] 在这一过程中，翻译的最高指导原则是“目的法则”，即译者必须根据既定的翻译目的来制定适宜的翻译策略。

鉴于语言和文化的差异性，译文与原文的完全对等难以实现。因此，在翻译过程中，哪些内容需要保留，哪些需要舍弃，哪些需要调整，均应以翻译目的为准则。翻译目的的不同，决定了翻译策略和方法的选择也会有所差异。简而言之，翻译目的决定翻译手段。

此外，翻译的目的论为中西翻译史上关于“归化”与“异化”、“直译”与“意译”以及“形式对等”与“动态对等”等争议提供了有力的解释：翻译中所采用的策略和方法，归根结底均取决于翻译的目的。

① 闫敏敏．从翻译目的论角度看《三国演义》罗译本的敬谦语翻译[J]．黄冈师范学院学报，2016（1）：61-63.

2. 接受美学理论

接受美学理论作为一种重要的文艺理论，强调读者在文学作品接受过程中的主动性和创造性。该理论主张文学作品的价值并非完全由作者或文本本身决定，而是由读者在阅读过程中的解读和接受所赋予的。接受美学理论关注读者的审美经验、期待视野以及阅读过程中的互动与反馈，为翻译研究提供了新的视角。①

在敬谦语翻译中，接受美学理论同样具有广泛的应用价值。敬谦语作为一种特殊的语言现象，承载着丰富的文化内涵和交际功能。在翻译过程中，如何准确传达敬谦语的内涵，同时保持其交际效果，是译者面临的重要挑战。

首先，接受美学理论提醒我们关注目标语读者的审美经验和期待视野。由于不同文化背景下的读者对敬谦语的理解和接受程度存在差异，译者需要在充分理解原文敬谦语的基础上，根据目标语读者的文化背景和审美习惯，选择合适的翻译策略。例如，对于某些在目标语文化中不存在的敬谦语表达，译者可以通过意译或增译等方式，使译文更符合目标语读者的期待视野。

其次，接受美学理论强调翻译过程中的互动与反馈。在敬谦语翻译中，译者需要与目标语读者进行积极的互动，了解他们对译文的接受程度和反馈意见，有助于译者及时发现并纠正译文中的不足，使译文更加贴近目标语读者的阅读习惯和审美需求。

（二）敬谦语文化翻译的原则与策略

1. 敬谦语文化翻译的原则

在翻译敬谦语时，译者需要遵循一系列原则以确保翻译的准确性和文化敏感性。

首先，遵循“对等原则”，即尽可能在目标语言中找到与源语言敬谦

① 闫敏敏．敬谦语翻译的文化接受视角——以《三国演义》罗译本部分敬谦语的翻译为例 [J]. 湖北第二师范学院学报，2014（11）：115-118.

语相对应的表达方式。然而,由于不同文化对敬谦语的理解和表达可能存在差异,需要在保持原意的基础上进行适当的调整,以确保翻译的自然和流畅。

其次,强调“语境原则”,即翻译时要充分考虑语境因素。敬谦语的使用往往与特定的社会、文化和历史背景密切相关,因此在翻译过程中,我们需要充分理解并传达这些背景信息,以确保翻译的准确性和可信度。

最后,遵循“文化适应原则”,即在翻译过程中要充分考虑目标语言读者的文化习惯和审美需求。有时,源语言中的敬谦语可能在目标语言中并无直接对应的表达方式,此时译者需要运用创造性翻译的策略,寻找最适合目标语言读者的表达方式,以实现跨文化交流的目的。

2. 敬谦语文化翻译的策略

(1)异化策略

异化策略旨在尽可能保留原文的文化特色与语言风格,使目标语读者能够更直接地接触到源语言的独特韵味。异化策略的核心在于尊重原文的文化和语言特点,避免过度适应目标语言的习惯和规范。通过异化策略,译者可以保留原文中的地名、人名、习俗等元素,使读者在阅读过程中能够感受到原文所呈现的文化氛围和时代特色。例如:

> 原文:辂立道旁,观之良久,问曰:“少年高姓、贵庚?”
>
> 译文:Lu stood by the roadside watching. After a long time he asked, “What is your honored name and age?”

“高姓”与“贵庚”皆为古代中国习用的敬词,前者意在探询对方的姓氏,后者则意在探询对方的年岁。其中,“高”与“贵”二字,皆旨在表达对对方的敬意。在本例中,译者采取异化的翻译策略,将其译为“your honored name and age”,通过运用“honored”一词来修饰“name”与“age”,不仅精准地传达了原文中对对方的尊重之意,同时也成功打破了译文读者的既定阅读预期,使其得以领略中国古代礼仪文化的独特魅力。

（2）直译策略

在日常交往中，建立融洽的关系应以对权力和威望的尊重为基础。以《红楼梦》为例，贾政和王夫人称呼其母为“老太太”而非“母亲”，这一称谓体现了对长辈的尊重。同样地，孙子辈也以“老太太”尊称祖母，显示出对家族长辈的尊崇。由此可见，“老爷”“太太”等称谓不仅体现了被称呼者的家庭地位，更凸显了其在社会中的尊贵身份。在称谓的使用上，“老爷”“老太太”以及“老祖宗”等词语尤为常见。

在翻译《红楼梦》原著时，杨宪益、戴乃迭夫妇采用了直译法，将大部分敬语直接传达给目标语读者，而并未进行补偿翻译或添加注释。例如，“小姐”一词被译作“mistress”“miss”或“girl”等；“老人家”则被译作“old lady”“old gentleman”“old people”或“old man”等；而“尊府”则被译作“your honourable family”或“distinguished family”等；同样，“少爷”一词也被直译为“young master”。这种翻译方式在保持原文敬语风格的同时，也尽可能地传递了称谓所蕴含的外延意义和内涵意义。再如：

原文：（贾珍）……“你跟了你叔叔去，也到那边给老太太，老爷、太太们请安，说我和你娘都请安。”

（《红楼梦》曹雪芹）

译文：So Jia Zhen told his son，“Go with your uncle，and mind you go too to pay your respects to the old lady，master and mistresses of other house. Give them our regards.”

（杨宪益、戴乃迭 译）

在等级森严的封建社会中，仆人需以“老爷”“奶奶”“太太”等称谓来恭敬地称呼其主人，以维护上层阶级的尊严不受侵犯。杨译将上述称谓分别译为“master”“mistresses”以及“old lady”，此举深刻地体现了封建社会中低层与高层之间鲜明的尊卑等级观念。

第三节 委婉语文化传播与翻译

一、委婉语文化

（一）委婉语文化的定义

委婉语是一种社会语言学现象，它指的是通过使用委婉、含蓄或曲折的语言表达方式来避免直接提及某些敏感、尴尬或令人不悦的话题。委婉语文化在各个社会和文化中都有存在，它反映了人们对于尊重、礼貌和社交和谐的追求。[①]

委婉语文化的形成与社会的价值观、道德观念、文化传统等密切相关。在某些文化中，直接表达可能会被认为是粗鲁、不礼貌的，甚至可能引发冲突和误解。因此，人们倾向于使用委婉语来传达自己的意思，以避免造成麻烦和尴尬。例如，在谈论死亡这个话题时，许多文化都会使用委婉语来表达。在英语中，人们会说“pass away”或“depart this life”，而不是直接说“die”。在中文中，人们会说“去世”或“过世”，而不是直接说“死”。这些委婉语的使用既体现了对死者的尊重，也避免了直接提及死亡这个话题所带来的沉重和不适。

委婉语文化不仅存在于语言中，还体现在人们的日常行为和社交交往中。例如，在社交场合中，人们通常会避免谈论政治、宗教等敏感话题，而是选择一些轻松愉快的话题。这种行为也是委婉语文化的一种体现，它有助于维护社交和谐和避免冲突。

（二）委婉语文化的特征

委婉语文化体现了人们在交流中对某些敏感、尴尬或不受欢迎的话

① 李苇．中英委婉语的文化内涵与翻译[J]．英语广场，2023（6）：20-23.

题的回避和修饰。这种文化特征在各个语言中都存在,但表现形式和程度却有所不同。

委婉语具有多样性特征。不同的语言和文化背景下,委婉语的表现形式各异。例如,在一些文化中,人们可能使用隐喻或比喻来委婉地表达某些意思,而在其他文化中可能采用更为直接的方式来传达信息。这种多样性使委婉语文化成了一种丰富而多彩的语言现象。

委婉语具有灵活性特征。委婉语文化不是一成不变的,它会随着社会的变迁和人们的需求而不断变化。例如,随着现代社会对性别平等和多元文化的重视,一些传统的委婉语可能已经不再适用,而新的委婉语应运而生。这种灵活性使委婉语文化能够适应不同的社会环境和文化背景。

委婉语具有文化敏感性。委婉语的使用往往与特定的文化背景和价值观紧密相连。在某些文化中,直接谈论某些话题可能会被视为不礼貌或冒犯,因此需要使用委婉语来避免尴尬或冲突。这种文化敏感性使委婉语文化成为人们交流中不可或缺的一部分。

(三)委婉语文化的分类

委婉语在不同国家、不同民族、不同文化背景下都有其独特的表现形式和分类方式。委婉语的分类可以从多个角度进行,以下是几种常见的分类方式。

1. 按照交际场合分类

委婉语可以按照交际场合的不同进行分类,如日常交际委婉语、商务交际委婉语、政治外交委婉语等。日常交际委婉语主要用于日常生活中,如邀请、感谢、道歉、拒绝等,通过使用委婉的语言来表达自己的意愿和情感。商务交际委婉语主要用于商业场合,如谈判、合同、报告等,通过使用委婉的语言来维护商业关系,促进合作。政治外交委婉语主要用于政治外交场合,如外交声明、国际协议、谈判等,通过使用委婉的语言来避免冲突,维护国家形象。

2. 按照语言形式分类

委婉语也可以按照语言形式的不同进行分类，如词汇委婉语、句式委婉语、修辞委婉语等。词汇委婉语主要通过使用委婉的词汇来避免直接表达，如用“洗手间”代替“厕所”，用“不幸离世”代替“死亡”等。句式委婉语则主要通过改变句式结构来表达委婉的含义，如使用疑问句代替肯定句，使用被动句代替主动句等。修辞委婉语则主要通过修辞手法来表达委婉的含义，如隐喻、象征、讽刺等。

3. 按照文化背景分类

委婉语还可以按照文化背景的不同进行分类，如东方委婉语文化和西方委婉语文化。东方委婉语文化注重礼仪、谦逊、含蓄，强调尊重他人、避免冲突，如中国文化中的“客气话”“面子话”等。西方委婉语文化则注重直接、坦率、真诚，强调个人自由、独立、平等，如英语中的“I'm sorry, but...”等。

委婉语文化的分类可以从多个角度进行，不同分类方式下委婉语文化的表现形式和特点也各不相同。了解委婉语文化的分类和特点，有助于我们更好地理解和运用委婉语，促进人际交往的和谐与顺畅。

（四）委婉语文化的功能

委婉语文化不仅仅是一种语言现象，更是一种文化现象。委婉语文化在人类社会中发挥着保护隐私、缓解紧张气氛、增强表达效果以及促进社会和谐等多重功能。

委婉语文化具有保护隐私的功能。在日常生活中，人们有时需要提及一些敏感或尴尬的话题，如健康状况、年龄、身材等。通过使用委婉语，可以避免直接触及他人的痛点，保护他们的隐私和尊严。例如，在询问他人年龄时，使用“您看起来真年轻，请问您平时有什么保养秘诀吗？”这样的问法，既表达了自己的好奇，又避免了直接提及年龄这一敏感话题。

委婉语文化具有缓解紧张气氛的功能。在人际交往中，有时会出现一些尴尬或紧张的局面，如批评他人、拒绝邀请等。通过使用委婉语，可以缓解这些紧张气氛，使对话双方都能够更加从容地应对。例如，在拒绝他人的邀请时，可以说："非常感谢您的邀请，但我这段时间确实有些忙，可能无法参加了。希望下次有机会再一起聚聚。"这样的回答既表达了自己的歉意，又避免了直接拒绝带来的尴尬。

委婉语文化还具有增强表达效果的功能。在某些情况下，使用委婉语可以使表达更加含蓄、文雅，从而增强语言的表达效果。例如，在形容一个人的外貌时，使用"您的气质真好"或"您的五官很立体"等委婉语，既表达了对对方的赞美，又避免了过于直接或肤浅的夸赞。

委婉语文化还具有促进社会和谐的功能。在一个多元化的社会中，人们的观念、信仰和习惯都有所不同。通过使用委婉语，可以尊重他人的差异，减少冲突和误解，从而促进社会的和谐与稳定。例如，在涉及宗教、政治等敏感话题时，使用委婉语可以避免直接触及他人的信仰和立场，减少不必要的争议和冲突。

二、委婉语文化翻译

（一）委婉语文化翻译理论

1. 功能目的理论

在功能目的论指导下，翻译不再仅仅是语言之间的转换，而是更多地关注翻译的目的和效果。[①] 根据这一理论，翻译的目的是决定翻译策略和方法的关键因素。因此，在翻译时，译者需要根据翻译的目的来选择最合适的翻译方式，以确保译文能够准确地传达原文的信息和意图，同时符合目标语言的文化和语境。此外，功能目的论还强调了翻译过程中的文化因素。由于不同文化之间的差异，同一事物在不同的文化背景下可能具有不同的含义和解释。因此，在翻译过程中，译者需要充分考虑目标语言的文化背景和读者的认知习惯，以确保译文能够被目标读者

① 徐颖．功能目的理论视角下的民俗文化翻译[D]．福州：福建师范大学，2012：2.

所理解和接受。

功能目的理论强调翻译的目的和功能,即翻译活动不仅是对源语言的转换,更是为了满足特定的交际需求和目的。因此,在汉语委婉语的翻译过程中应充分考虑译文的接受者、文化背景和交际环境,使译文在保持原意的基础上更好地实现交际功能。

在翻译汉语委婉语时,应根据目的语的文化背景和语言习惯,选择适当的表达方式,使译文既能够传达原文的含义,又符合目的语的表达习惯。同时,还需要注意保持委婉语的含蓄性和礼貌性,避免直译可能导致的误解或冒犯。此外,功能目的理论还强调了翻译活动的主动性和创造性。在汉语委婉语的翻译过程中,不应拘泥于原文的字面意义,而应结合语境和交际目的,进行适当的调整和创造,使译文更加符合目的语的语言规范和文化习惯。

总之,功能目的理论为汉语委婉语的翻译提供了有益的指导和启示。在翻译过程中,译者应充分考虑译文的交际目的和功能,选择适当的表达方式,使译文既能够传达原文的含义,又符合目的语的表达习惯,从而实现有效的跨文化交际。

2. 跨文化交际理论

跨文化交际理论旨在研究不同文化背景下人们交流的方式和效果,强调文化差异对沟通的影响。在全球化背景下,跨文化交际显得尤为重要,因为它能够帮助人们更好地理解和适应不同文化环境,从而实现有效的交流。

委婉语作为一种特殊的语言现象,在跨文化交际中发挥着重要作用。委婉语的使用往往与特定文化背景下的价值观、信仰和习俗密切相关。因此,在翻译委婉语时必须充分考虑目标语言的文化背景,以确保翻译的准确性和地道性。

在跨文化交际理论的指导下,委婉语翻译应尊重源语言和目标语言的文化差异,避免对原文进行生硬的翻译;根据目标语言的文化习惯,选择合适的表达方式,使译文既符合原文意思,又易于被目标读者接受;注重翻译的准确性和地道性,确保译文能够准确传达原文的信息和情感。

（二）委婉语文化翻译的原则与策略

1.委婉语文化翻译的原则

（1）“准确表达”原则

在《谈翻译》一文中，艾思奇明确指出：“翻译的原则始终以‘信’为根本基石，‘达’与‘雅’则如同属性之于本质，虽不可或缺，却为次要之义。”[①]由此可见，“信”，即准确传达原文含义，在翻译过程中具有举足轻重的地位。同时，鉴于委婉语具有内在的模糊性，其表面表述与实际内涵往往大相径庭。因此，在汉英委婉语翻译过程中，稍有疏忽便可能导致歧义甚至误解，进而削弱委婉语在交际中的效用。以《水浒传》中“花和尚鲁智深”的翻译为例，如何准确理解并翻译“花”这一汉语委婉语，便是一个典型的挑战。此处的“花”字是否暗指“花心”，能否直接译为“flowery”，都需要深入剖析原作中鲁智深这一角色的形象特点。

（2）“效果对等”原则

等效是一个相对的概念。在承认差异存在的前提下，等效旨在使译文在目的语读者心中产生的印象尽可能接近原文在原语读者心中所留下的印象。[②]此外，鉴于委婉语本身具有掩饰和美化特性，翻译过程中对其委婉效果的削弱或夸大均会直接影响交际双方对传递信息的理解，进而对后续的立场判断和选择产生影响。

以成语“班门弄斧”的英译为例，该成语用于形容在行家面前卖弄本领，含蓄地表达自谦或贬低他人不自量力。在此，笔者选取了两种常见的译法进行分析。第一种译法为“Teach one’s grandma to suck eggs”，该译法直接套用了英文中意思相近的谚语，虽然便于目的语读者理解，但“grandma”和“egg”之间缺乏直接的逻辑联系，导致原成语中“人”与“物”的关系被淡化，委婉效果大打折扣。第二种译法为“show off one’s proficiency with the axe before Lu Ban the master carpenter”，采用直译方式，凸显了“班门弄斧”中“人”与“物”的关系，并准确地传

① 钱霖生．读者的反应能作为评价译文的标准吗？——向金隄、奈达两位学者请教[J].中国翻译，1988（2）：42-44.

② 王云萍．英汉委婉语的对比研究[J].关东学刊，2018（2）：122-131.

达了成语的内涵,实现了效果对等。因此,在汉英委婉语的翻译过程中,应在承认差异的基础上尽最大可能地传达原文的委婉效果,以促进信息的准确传递和有效交际的实现。

(3)“推陈出新”原则

一切事物皆处于持续不断的演变与进步中,委婉语作为社会活动的特殊产物,同样呈现出不断变化的态势。因此,在汉英委婉语的翻译过程中不应拘泥于传统的翻译方法,仅仅在英语中寻找相似的表达进行生硬的套用。相反,应秉持创新的精神,在借鉴英语类似表达的基础上运用造词译法,创造出与原文内涵相契合的新词汇。

以外交领域新出现的“窜访”一词的翻译为例进行说明。在汉语中,“窜访”的基本含义可理解为“逃窜式访问”或“具有不正当性质的访问”,常见的翻译方式有“visit”“tour”和“trip”。然而,鉴于“窜访”一词在语境中带有贬义色彩,杨明星深入剖析了“窜访”一词的政治内涵,将其定义为“为达到不可告人的政治目的,鼓吹、兜售其分裂主张而进行的非正义、不正当的访问”[①]。在此基础上,他创造性地以“visit”为基础,结合“tout”(兜售之意),构造出新词“tout visit”,用以精准表达“窜访”的字面意义及其深层的政治内涵。译文“tout visit”不仅体现了对原文的忠实,更通过委婉的方式揭示了原文的真实意图,堪称翻译领域推陈出新的典范。

2. 委婉语文化翻译的策略

委婉语翻译涉及如何在保持原意的基础上,用另一种语言表达出同样的含蓄和礼貌。在这一过程中,译者需要综合考虑不同语言之间的同一性和异质性,深入探究源语与译语的文化特点,采用直译、意译等翻译策略以确保委婉语翻译的准确性和适宜性,促进跨文化交流。

(1)直译法

委婉语作为一种独特的语言现象,其在汉语中的运用体现了中华民族的深厚文化底蕴和交际智慧。在翻译一些特有的委婉语时,可以采用直译的方式准确传达原文的内涵。例如:

---

① 杨明星,李志丹.“政治等效”视野下“窜访”译法探究[J].中国翻译,2015(5):88-92.

原文：几时我闭了这眼，断了这口气……

（《红楼梦》曹雪芹）

译文：Once I closed my eyes and breathed my last...

（杨宪益、戴乃迭 译）

委婉语作为一种常见的语言现象，用以表达不便直言或令人不快的内容，在中国文学作品中尤为丰富。在杨宪益的《红楼梦》英译本中，他对于中文委婉语的翻译策略展现出了独特的见解和坚持。在将这些委婉语翻译成英文时，他选择了直译法，这在"闭眼"和"断气"等例子中体现得尤为明显。

（2）意译法

在汉语委婉语的英译过程中，意译是指根据英语委婉语的特点和英语读者的文化背景，对汉语委婉语进行意译，使其更符合英语的表达习惯，但需要注意不要失去原文的语义和风格。例如：

原文：看凤姑娘仗着老太太这样的厉害，如今"焦了尾巴梢子"了，只剩了一个姐儿，只怕也要现世现报。

（《红楼梦》曹雪芹）

译文：Xifeng was so ruthless when she had the old lady's backing that now she died sonless, leaving only one daughter. She is suffering for her sins!

（杨宪益、戴乃迭 译）

在这个充满文化色彩和语境敏感的例子中，"焦了尾巴梢子"这一表达，直译过来可能令人费解，但在中文语境中，它形象地传达了一个深刻的社会观念——"sonless"，即没有子嗣。这一说法在中国传统文化中承载着丰富的内涵，它不仅仅是对生育问题的直接描述，更在某种程度上反映了家族荣誉、社会地位以及人们对未来传承的期待。"焦了尾巴梢子"这一表达如果直接翻译成英文，可能会失去其原有的文化色彩和生动性。因此，译者需要巧妙地运用意译技巧，将其转化为英文中相应的委婉说法"sonless"，以确保信息的准确传递和文化的有效沟通。

第四节　禁忌语文化传播与翻译

一、禁忌语文化

（一）禁忌语文化的定义

英文中“禁忌”（taboo）一词源自太平洋汤加岛的土语词汇。它的含义深远而神秘，蕴含着“神圣的”和“不可触摸”的意味。自18世纪英国探险家詹姆斯·库克将该词引入英语以来，它便在人类学、社会学等领域中扮演着举足轻重的角色。[①]

在我国，关于禁忌语的记载历史悠久。早在周代，就有相关文献对禁忌语进行了描述。在随后的封建社会中，由于等级制度森严，各个朝代都对禁忌词语的使用范围和对象进行了详细的规定。这些规定不仅体现了当时社会的文化风貌，也反映了人们对神秘力量的敬畏与恐惧。

值得一提的是，我国学者陈原在1980年出版的《语言与社会生活》一书中首次提及了“塔布”（taboo）这一概念。随后，在1983年出版的《社会语言学》中，他进一步对语言禁忌进行了深入的论述。[②]陈原认为，语言禁忌最初是从“塔布”产生的，它涉及语言的灵物崇拜以及语言的禁用或代用。这种观念为我们理解语言禁忌的形成与发展提供了重要的理论依据。

此外，邓炎昌、刘润清在《语言与文化英汉语言文化对比》一书中也为禁忌语下了一个比较完整的定义。[③]他们认为，由于传统习惯或社会风俗的不同，有些词语会引起对方强烈的反感，因此应避免使用。这些词语便是我们所说的禁忌语。

---

① 魏晓红．英汉交际中的禁忌语文化研究[A]．外语教育与翻译发展创新研究(C)．成都：西南民族大学，2022：3.

② 陈原．社会语言学[M]．上海：学林出版社，1983：56.

③ 邓炎昌，刘润清．语言与文化[M]．北京：外语教学与研究出版社，2003：145.

禁忌作为人类文化的重要组成部分,既体现了人们对神秘力量的敬畏与恐惧,也反映了社会文化的发展与变迁。

(二)禁忌语文化的特征

禁忌语文化是人类社会的一种独特文化现象,其特征多种多样,可以从多个角度进行描述。

禁忌语文化具有鲜明的地域性特征。不同的地区、民族、国家都有自己独特的禁忌语,这些禁忌语反映了当地的文化传统、价值观念、宗教信仰等方面的特点。例如,在某些地区,人们可能禁忌谈论死亡、疾病等话题,而在其他地区则可能禁忌谈论性、婚姻等话题。

禁忌语文化具有强烈的社会性特征。禁忌语不仅仅是个人言行的问题,更是社会规范、道德伦理的体现,成为维护社会秩序、促进人际和谐的重要手段。例如,在商业场合中,禁忌谈论价格、利润等敏感话题,以避免造成误会和冲突。

禁忌语文化具有深刻的心理性特征。禁忌语往往涉及人们的内心情感、隐私、尊严等方面,因此很容易引发人们的情绪波动和心理反应。在某些情况下,禁忌语的使用甚至可能导致人们产生焦虑、恐惧、愤怒等负面情绪。

禁忌语文化还具有动态性和变化性特征。随着社会的不断发展、文化的不断交流融合,禁忌语也在不断演变和变化。一些传统的禁忌语可能逐渐被淡化或消除,而一些新的禁忌语则可能应运而生。

禁忌语文化是人类社会中一种独特的文化现象,具有鲜明的地域性、强烈的社会性、深刻的心理性以及动态性和变化性等特征。了解和尊重禁忌语文化,有助于促进人际和谐、维护社会秩序、推动文化交流和融合。

(三)禁忌语文化的分类

禁忌语文化涵盖了广泛的主题和领域。根据不同的分类标准,禁忌语可以被划分为多个类别。

1. 按照社会习俗分类

婚丧嫁娶禁忌：在中国的传统婚丧嫁娶习俗中，有很多与婚丧嫁娶相关的禁忌语。例如，新娘出嫁时不能说“走”，而应该用“出门”或“启程”等词汇来代替。另外，在丧事中也有一些禁忌语，如“死”“亡”等词语，常用“去世”“仙逝”等词汇来代替。

节日禁忌：在中国的传统节日中，也有一些与节日相关的禁忌语。例如，在春节期间，人们通常不说“破”“坏”等词语，以免破坏节日的喜庆氛围。此外，在清明节期间，人们也会避免说与死亡相关的词语，以免给扫墓的人们带来不吉利的影响。

2. 按照行业领域分类

政治禁忌：在政治领域，有一些与政治相关的禁忌语。例如，不得随意评论政治领导人、政治体制等敏感话题，以免触犯政治红线。

商业禁忌：在商业领域，也有一些与商业相关的禁忌语。例如，商家通常不会使用“倒闭”“破产”等词语来描述自己的经营状况，而是用“转型”“升级”等词汇来代替，以维护企业的形象和信誉。

（四）禁忌语文化的功能

禁忌语文化作为一种独特的语言现象，承载着深厚的历史文化底蕴。其功能不仅体现在语言交流层面，更深入到社会、心理、文化等多个方面。

首先，禁忌语是维护社会秩序和道德规范的重要手段。通过避免使用禁忌语，人们能够避免触犯社会禁忌，维护社会的和谐稳定。例如，在谈论死亡、疾病等不吉利的话题时，人们会使用委婉的词语来替代，以避免给听者带来不必要的恐惧和不适。

其次，禁忌语在心理调节方面也具有重要作用。禁忌语往往涉及一些敏感或令人不安的话题，如性、暴力、死亡等。通过使用禁忌语，人们可以表达内心的恐惧、焦虑等情绪，从而得到心理上的宣泄和安慰。

最后，禁忌语具有传承文化的关键作用。许多禁忌语与宗教信仰、价值观念、道德规范等密切相关。例如,一些与神灵、祖先等相关的词语被视为禁忌语,体现了人对神灵的敬畏和对祖先的尊重。这些禁忌语的使用不仅是对传统文化的传承和尊重,也是对社会价值观的维护和弘扬。

禁忌语作为一种独特的语言现象,具有多重功能。它不仅维护了社会秩序和道德规范,调节了人们的心理状态,还承载了丰富的文化内涵。在现代社会中,随着文化的多元化和交流的不断加强,禁忌语文化也在不断发展和变化。我们需要在尊重传统的基础上,理性看待禁忌语文化的发展,以更好地传承和弘扬中华民族的文化精髓。

二、禁忌语文化翻译

(一)禁忌语文化翻译理论

1. 功能翻译目的论

功能翻译目的论强调翻译活动的目的性和功能性,认为翻译不是简单的语言转换,而是根据特定的翻译目的和受众需求,对原文进行适应性的调整和再创造。[①] 在禁忌语文化的翻译中,功能翻译目的论具有重要的应用价值。

禁忌语作为一种特殊的语言现象,涉及文化、宗教、社会习俗等多个方面,其翻译需要充分考虑到不同文化背景下的差异和敏感性。功能翻译目的论为禁忌语文化的翻译提供了有力的理论支撑和实践指导。

首先,功能翻译目的论强调翻译的目的性,即翻译应服务于特定的翻译目的和受众需求。在禁忌语文化的翻译中,译者需要明确翻译的目的,是为了传递信息、促进交流,还是为了保留原文的文化特色。根据不同的翻译目的,译者可以选择不同的翻译策略和方法,以达到最佳的翻译效果。

其次,功能翻译目的论注重翻译的功能性,即翻译应实现原文在目

① 陆峰.功能主义翻译目的论视角下的电影禁忌语翻译探析[J].宿州教育学院学报,2014,17(1):33-34+37.

标语言中的交际功能。禁忌语文化的翻译需要考虑到目标语言受众的文化背景和认知习惯,避免因文化差异而引起的误解或冲突。译者可以通过意译、省略、替换等方式,对原文中的禁忌语进行巧妙的处理,以使其在目标语言中实现类似的交际功能。

最后,功能翻译目的论还强调翻译过程中的灵活性和创造性。在禁忌语文化的翻译中,译者需要充分发挥自己的想象力和创造力,结合具体的语境和文化背景,灵活运用各种翻译技巧,使译文既符合目标语言的表达习惯,又能准确传达原文的意图和文化内涵。

2. 交际语境理论

交际语境理论是一种广泛应用于语言学研究领域的理论框架,它强调语言交际过程中各种语境因素对信息传递和理解的重要影响。[①] 在禁忌语翻译中,交际语境理论的应用尤为重要,能够帮助译者更好地理解和把握禁忌语在不同文化背景下的内涵和表达方式。

在翻译禁忌语时,译者需要充分考虑到不同文化背景下人们对禁忌语的认知和态度差异,以及不同语境下禁忌语所承载的情感色彩和社会功能。

交际语境理论能够帮助译者深入分析禁忌语所处的文化语境、社会语境以及交际双方的认知语境。通过对这些语境因素的把握,译者可以更加准确地理解禁忌语的内涵和表达方式,并在翻译过程中采取适当的策略和方法,以确保译文的准确性和可接受性。

具体而言,在禁忌语翻译中,译者可以运用交际语境理论,结合具体的语境因素,对禁忌语进行灵活处理。例如,在翻译涉及宗教禁忌的词语时,译者可以根据目标文化的宗教信仰和习俗,采用替换、省略或解释等翻译方法,以避免对原文的误解或冒犯。同时,在翻译涉及个人隐私或敏感话题的禁忌语时,译者也需要充分考虑到交际双方的认知和情感需求,采取适当的翻译策略,以保护交际双方的隐私和尊严。

① 胡含芳,李凤萍.顺应论交际语境视角下化妆品名称翻译策略分析[J].大众文艺,2020(17):154-155.

（二）禁忌语文化翻译的原则与策略

1. 禁忌语文化翻译的原则

（1）委婉原则

任何一种语言均深刻反映其所属文化的独特特征，同时，文化亦对语言产生显著的制约作用。在每一种文化中，均存在某些被视为禁忌的语言表达方式，无论是英语还是汉语均不例外。[①]

英语的禁忌语种类繁多，每一种禁忌语都对应着一组特定的词汇集合。举例来说，与疾病相关的禁忌语包括 disease（疾病）、mad（发疯）、AIDS（艾滋病）、crippled（瘸子）、cancer（癌症）、venereal disease（性病）等，这些词汇在日常生活中往往被视为敏感或不适的话题，因此，在翻译或使用时需特别谨慎。

比如，在汉语和英语中，"死亡(die)"是一个高度禁忌的话题。在汉语中，人们通常采用"去世""逝世""故去"等更为委婉的词汇来替代"死亡"这一直接表述。在英语中，也存在众多类似的委婉表达方式。例如，在恩格斯为马克思发表的讲话中，他使用了"ceased(停止)""gone to sleep"（入睡）以及"departure"（离开）等词汇来委婉地表达伟人"去世"的事实。

（2）模糊原则

语言翻译如同语言本身一样，具有复杂性、动态性和整体性的特质，任何抽象的规定都是不科学、不客观的。翻译中，精确性总是相对的，有条件的，而模糊性才是绝对的、普遍存在的。"模糊原则"的核心是，无论是具体的翻译操作还是抽象的翻译理论中，"模糊性"是一种绝对存在的属性。

依据以上"模糊原则"，在翻译操作中，人们对于模糊语言的处理通常认为有三种手法：以模糊译精确、以模糊译模糊、以精确译模糊。禁忌语的模糊翻译法包括用一个模糊的目的语词语来表示一个源语的精确的词语，用一个模糊的目的语概念表示一个精确的源语的概念形式。

① 姜志伟，孙雪梅．冬奥背景下伤病中禁忌语的翻译原则初探[J]．海外英语，2019(20)：33-35.

例如,"兴奋剂(stimulant)"是运动员的禁药,根据模糊原则,一般翻译成"drug"即可。

(3)对等原则

翻译属于一种跨文化交际,最终目标是把一种文化的信息足额地传递到另一种文化中去,实现对等转换。翻译中遵循对等原则,主要是指原文和译文这两种语言在文字和意义上所能达到的最高程度的相同,即译文能完全达到原文所具备的效果。这种绝对意义上的对等,包括内容、形式、功能上的对等,是翻译所追求的一种目标。

禁忌语翻译必须遵循对等原则,以实现"动态对等"的翻译效果。例如,"近视眼""远视眼"和"弱视"分别译为"short-sighted""far-sighted"和"weak-sighted",在医学英语中可以委婉地将其分别译为"myopia""hyperopia"和"amplyopia"[①]。

2. 禁忌语文化翻译的策略

(1)意译法

在汉语中,一些常见的禁忌语涉及死亡、疾病、贫穷等负面主题。例如,"死"这个词在许多场合下是避免使用的,人们会用"去世""辞世"等委婉的词语来代替。同样,直接谈论疾病或贫穷也可能被视为不吉利或不尊重。因此,在翻译这些禁忌语时,译者需要寻找目标语言中相应的委婉或避免直接提及这些敏感话题。例如:

原文:且说宝玉次日起来,梳洗完毕,早有小厮们传话进来说:"老爷叫二爷说话。"

(《红楼梦》曹雪芹)

译文:The next morning when Baoyu had finished his toilet, his pages announced that the master wanted him.

(杨宪益、戴乃迭 译)

在上面的例子中,将"梳洗"意译为"toilet"就是一个很好的例子。在英语中,"toilet"一词通常用于描述个人的卫生习惯,包括洗脸、刷牙、

① 姜志伟,孙雪梅.冬奥背景下伤病中禁忌语的翻译原则初探[J].海外英语,2019(20):33-35.

梳头等行为，这与中文中的“梳洗”含义非常相似。因此，将“梳洗”意译“toilet”可以使英语读者更加容易理解原文的含义，避免产生误解。

（2）文化替代翻译法

为确保目的语读者能够自其本民族视角深入感知迥异于本民族文化的异族文化精髓，译者须采取灵活多变的翻译策略，致力于打造一个超越文化疆界、使禁忌语内涵得以呈现文化共性的译文。[①] 在特定情境之下，葛浩文先生摒弃了源语的语言形式，以使译文更加贴合跨文化交际的内在意蕴，从而更好地促进不同文化间的交流与理解。例如：

> 原文：我不要你他娘的来发慈悲，什么时候老子要和你分出个公母来，你别以为事完了！
>
> （《红高粱家族》莫言）
>
> 译文：I don’t need your damned pity! One of these days, you and I are going to settle things, once and for all. Our business isn’t finished!
>
> （葛浩文 译）

“和你分出个公母”此说法乃成语“决一雌雄”之演化形态。该成语源自古籍《史记 · 项羽本纪》，原文载：“天下匈奴数岁者，徒以吾两人耳，愿与汉王挑战，决雌雄，毋徒苦天下之民父子为也。”其中，“雌雄”一词用以比喻胜负高下，意在表达通过较量来判定双方实力之强弱。在例句中，黑眼欲劝其祖父加入铁板会，共赴抗日之途，然祖父仍受困于昔日恩怨，故出此言。值得注意的是，在英语文化中，并无与“分出公母”直接对应且内涵一致的俚语表达。若将此句直译为“to divide the male and the female”，则可能因过于异化而引发误解，甚或在译语社会中产生消极影响。在葛浩文翻译此类富含本土文化特色的习语时，他并未拘泥于字面意义的传达，而是依据上下文语境，着重把握句子所承载的核心意义。因此，他将此句简洁而准确地译为“settle things”，此举不仅保留了原句的基本含义，更有助于实现跨文化交际的顺畅与高效。

---

① 殷健，贺丽璇．跨文化交际视角下汉语禁忌语翻译策略研究——以《红高粱》葛浩文译本为例[J]．英语广场，2021（34）：45-47.

第五章　传播视阈下中国经典文学艺术作品外宣翻译

中国经典文学艺术作品承载着丰富的文化内涵和深厚的历史底蕴，是中华文化的瑰宝。在全球化的今天，如何让这些瑰宝更好地走向世界，成为国际交流与文化传播的重要课题。外宣翻译在这一过程中发挥着举足轻重的作用。通过深入理解原作内涵、注重目标受众的文化背景、灵活运用翻译技巧、强化跨文化意识等方面的努力，可以更好地推动中国经典文学艺术作品走向世界舞台，展现中华文化的独特魅力。

第一节　典籍文化传播与翻译

一、典籍文化

（一）典籍文化的定义

现代学术意义上的典籍范畴包含上自古神话、下至清代学术绵延千年的重要作品。广义上的典籍没有时间限制，《现代汉语词典》（2015）定义典籍是“记录古代法令、制度的重要文献，泛指古代图书。”[①] 狭义的典籍定义更具体，更能体现某一时期典籍的特色和特点。此外，一些定义还提到了典籍的分类。结合广义和狭义的定义，典籍指清代（19 世纪

① 中国社会科学院语言研究所词的编辑室．现代汉语词典（第 7 版）[Z]．北京：商务印书馆，2015：256.

中叶）以前的古籍，这些古籍具有一定的学术价值，有些代表了当时的传统地域文化。[①]

典籍文化，顾名思义，是指那些承载着深厚历史文化内涵的古代典籍及其所蕴含的文化价值。这些典籍可以是古代的经典著作、历史文献、诗词歌赋，也可以是古代的哲学思想、伦理道德、科技知识等方面的文献。

我国是一个统一的多民族国家，在中华民族悠久的历史上，各民族一道创造了灿烂的中华文明，各民族均有自己的典籍作品。典籍文化是中华民族文化的重要组成部分，是我们民族的精神财富和文化底蕴。典籍文化的传承和发展不仅有助于弘扬中华优秀传统文化，还能够促进文化多样性和人类文明进步。

（二）典籍文化的特征

典籍文化具有自身的特点，主要体现在以下三个方面：

第一，典籍文化的特征体现在其深厚的历史积淀上。作为人类文明的瑰宝，典籍是知识的载体，是智慧的结晶，是历史的见证。从古至今，典籍文化历经千年的传承与发展，承载着不同时期、不同地域、不同民族的文化特色和智慧结晶。从古代的甲骨文、竹简、帛书，到现代的电子书、网络文献，典籍文化的形式在不断演变。

第二，典籍文化的特征还体现在其丰富的内涵上。典籍中蕴含着人类对于自然、社会、人生等各个方面的深刻思考和探索，涵盖了哲学、文学、历史、科学等多个领域。这些典籍不仅记录了人类文明的发展历程，也反映了人类对于世界的认知和理解。

第三，典籍文化的特征还体现在其独特的传承方式上。典籍文化的传承不仅仅是通过文字的传承，更是通过口传心授、师徒相传等方式进行。这种传承方式不仅保证了典籍文化的真实性和完整性，也使其得以在历史的长河中不断传承和发展。

① 胡壮麟．新世纪英汉大词典[Z].北京：外语教学与研究出版社，2016：105.

（三）典籍文化的分类

中国典籍的分类是不断发展、不断进步的过程，也是越来越有系统，也越来越复杂的过程。就学科而言，典籍可分为哲学、历史、宗教、文学、风俗研究、考据学、伦理学、版本考据等。从思想上看，典籍可分为先秦哲学、儒家、道家和佛教思想；就标准而言，典籍可按传统的经史子集分类。从文体来看，典籍可以分为两类：文学典籍和科技典籍。文学名著包括诗词、散文、戏剧和小说。科技典籍由数学、天文、生物、物理、化学、地理、农业、医学、技术、法律和军事等部分组成。

就已经翻译出版的典籍而言，数目较多的包括哲学典籍、历史典籍、诗词歌赋典籍、小说典籍、戏剧典籍、中医药典籍等六大类。此外，已经外译并出版的典籍还有其他类型，如文论、散文、兵书、地理典籍、科技典籍、农业典籍、百科典籍、法律典籍、艺术典籍等，这几类数量较少。

（四）典籍文化的功能

典籍文化作为人类文明的瑰宝，承载着深厚的历史底蕴和丰富的智慧资源，其功能远不止于文字的记录和传承，更在于其对于社会、个体以及文化的深远影响。

典籍文化为现代社会发展提供历史借鉴和启示。它是一面镜子，反映了不同时期、不同地域、不同民族的社会风貌和文化特色。通过典籍，人们可以了解古代社会的政治制度、经济发展、科技进步、艺术成就等多方面的信息。

典籍文化为个体成长和发展提供宝贵资源。一方面，通过阅读典籍，人们可以汲取先人的智慧和经验，提高自身素质和能力。另一方面，典籍文化还能够陶冶性情、塑造人格。通过阅读优秀的典籍作品，人们可以感受到作者的情感世界和人生哲理，从而激发自己的情感共鸣和人生思考。

典籍具有文化传承和发展的作用。作为人类文化的基因库，典籍文化保存了大量的历史信息和文化遗产。通过不断地传承和创新，典籍文化得以延续至今，并继续为人类社会的发展提供源源不断的动力。同时，典籍文化也是文化交流与互鉴的重要桥梁，促进了世界文化的多样性和繁荣。

二、典籍文化翻译

(一)典籍文化翻译理论

1. 多模态翻译理论

在文化强国战略指引下,我国既需积极引进其他民族的优秀文化元素,又应积极传播“中华文化走向世界”理念,以此展现中华优秀文化的独特魅力,进而提升其在国际舞台上的影响力。在此背景下,将传统文化推广作为核心切入点,特别是以戏剧译介为重要手段,推动中华文化更广泛、更深入地传播,是一项具有深远文化交流意义且值得长期投入的工程。

在信息时代的大背景下,戏剧文本的翻译工作不应拘泥于传统的文字转述模式。尤其是戏剧这种以视听感受为核心审美体验的艺术形式,要求翻译人员不仅关注人物台词、对白等文字内容的转换,还需深入探索戏剧的舞台布景、视觉造型、听觉体验、动作神态等多元信息元素的译介。这涉及当前广泛讨论的多模态翻译理论,该理论起源于20世纪90年代的西方,强调在现代多媒体信息技术的支持下,通过综合运用视听图像等多种信息译介手段,实现对翻译内容全方位、多维度地呈现,从而显著提升戏剧文本翻译的质量和水平。

范祥涛所著的《中华典籍外译研究》[①]一书,立足于中国优秀戏剧文化的国际传播视角,对文化典籍的翻译方法和技巧进行了系统而深入的探讨。特别是在信息时代背景下,如何精准且原汁原味地将传统文化典籍译介至其他国家,成为该书关注的重点议题之一。在信息时代背景下,多模态戏剧翻译不仅对传统戏剧翻译形成了有力冲击,同时也为戏剧文本翻译带来了创新的机遇。译者应充分重视文本之外的声音、图像、色彩、情绪、动作等多元信息元素,借助多媒体信息技术和丰富的翻

① 范祥涛.中华典籍外译研究[Z].北京:外语教学与研究出版社,2020:4.

译技巧，在保留戏剧原本内涵的基础上进行创新性译介，以期最大限度地展现戏剧文本所承载的丰富文化内涵和艺术魅力。

2. 翻译选择适应理论

“翻译选择适应理论”是近年来翻译研究领域的一个新兴理论，它为典籍文化翻译实践提供了新的视角和思路。

在典籍文化翻译中，翻译选择适应理论的应用显得尤为重要。该理论强调翻译过程并非单纯的文字转换，而是译者在理解原文的基础上，结合目标语言文化背景和读者需求，进行的一种有意识的选择和适应过程。具体而言，翻译选择适应理论要求译者在翻译过程中，既要忠实于原文的意思，又要考虑到目标语言读者的阅读习惯和审美需求。这需要译者具备深厚的语言功底和文化素养，能够准确理解原文的内涵，同时又能灵活运用目标语言，使译文既保留原文的文化特色，又符合目标语言的文化习惯。此外，翻译选择适应理论还强调译者在翻译过程中的主观能动性和创造性。译者不应仅仅满足于文字的机械转换，而应充分发挥自己的想象力和创造力，通过巧妙的翻译技巧和手法，使译文更加生动、形象、富有感染力。可以说，翻译选择适应理论为典籍文化翻译实践提供了新的思路和方法，有助于推动翻译学科的不断发展。

3. 文化顺应理论

文化顺应理论不仅为典籍文化的翻译提供了理论指导，还为译者提供了具体的翻译策略和方法。在典籍文化的翻译过程中，译者需要深入理解和把握源语言文化的内涵和特点，同时考虑到目标语言文化的接受程度和习惯。

根据文化顺应理论，译者在翻译过程中需要灵活应对文化差异，采取适当的翻译策略，使译文既能忠实于原文的文化内涵，又能符合目标语言文化的表达习惯。例如，对于源语言中的特定文化元素，译者可以选择直译、意译、音译等不同的翻译方法，以便更好地传达原文的文化意义。此外，文化顺应理论还强调译者在翻译过程中的主体性。译者作为文化交流的桥梁，需要在充分理解原语言文化的基础上发挥自己的创造性，运用自己的语言能力和文化素养，使译文更加生动、准确地传达原文的文化精髓。

4. 关联理论

关联理论是由丹·斯珀伯（Dan Sperber）与迪尔德丽·威尔逊（Deirdre Wilson）两位学者共同提出的理论框架。随后，恩斯特·奥古斯特·格特（Eurnst-August Gutt）在此理论基础上进行了深化，进而提出了关联翻译理论。[①] 在关联翻译理论体系中，翻译被视为一种兼具明示与推理双重特性的阐释行为。在这一过程中，译者需对原文进行精准解读，识别并理解原文作者的意图，进而将这些意图有效地传递给译文读者，以满足他们基于关联性的阅读期待。

关联理论是一种重要的语言学理论，它强调翻译过程中的信息处理和认知推理。在典籍文化翻译中，关联理论的应用具有深远的意义。典籍文化作为一种独特的文化现象，其翻译不仅要求语言准确，更要求传达出深层次的文化内涵。因此，关联理论为典籍文化翻译提供了有力的理论支持和实践指导。

首先，关联理论有助于译者深入理解典籍文化的内涵。典籍文化往往蕴含着丰富的历史、哲学、文学等方面的知识，而这些知识往往与特定的文化背景和语境紧密相连。通过运用关联理论，译者可以更加深入地理解典籍文化中的信息结构和认知语境，从而更好地把握其内在的含义和精髓。

其次，关联理论有助于译者在翻译过程中进行恰当的信息处理和表达。在典籍文化翻译中，译者需要根据目标语读者的认知能力和文化背景，选择适当的翻译策略和表达方式。关联理论强调翻译过程中的认知推理和信息处理，可以帮助译者更加准确地传达典籍文化的信息，同时避免误解和歧义的产生。

最后，关联理论还有助于提高典籍文化翻译的跨文化交际能力。典籍文化翻译不仅是一种语言转换过程，更是一种跨文化交际活动。通过运用关联理论，译者可以更好地理解不同文化之间的差异和相似之处，从而在翻译过程中更加灵活地处理文化差异问题，提高跨文化交际的效果。

① 郭乐乐．关联翻译理论视角下小说翻译的风格再现——以《半生缘》英译为例[J]. 三角洲，2023（13）：101-103.

(二)典籍文化翻译的原则与策略

1. 典籍文化翻译的原则

典籍文化,作为中华民族悠久历史的见证和智慧的结晶,其翻译工作不仅要求语言上的精准,更要求文化上的传承与发扬。在进行典籍文化的翻译时,译者必须遵循一系列的原则,以确保原文的精髓得以完整保留,并在译文中得到恰当的体现。

(1)忠实原意。典籍文化的翻译不是简单的语言转换,而是一次跨越时空的文化对话。因此,译者在翻译过程中必须尽可能保持原文的语义、风格和修辞特点,不得随意增减或修改原文内容。只有在充分理解原文的基础上,才能进行准确的翻译。

(2)流畅易懂。尽管典籍文化的语言往往较为深奥,但翻译的目的在于让更多人了解和欣赏这些文化瑰宝。因此,译者在翻译时应注重语言的流畅性和可读性,避免使用过于晦涩难懂的词汇和句式。同时,也要考虑到目标读者的文化背景和阅读习惯,使译文更加贴近读者的实际需求。

(3)尊重差异。典籍文化蕴含着丰富的文化内涵和独特的民族特色,这些元素在翻译过程中往往难以找到完全对应的表达方式。在这种情况下,译者应尊重原文的文化差异,避免简单地用目标语言的文化元素去替代原文的文化元素。相反,应该通过注释、解释等方式,帮助读者理解原文的文化内涵,促进不同文化之间的交流与理解。

(4)适度创新。典籍文化的翻译不仅是一次语言转换的过程,更是一次艺术创造的过程。译者在翻译时应注重语言的韵律和美感,使译文在保留原文精髓的同时,也具有独特的艺术魅力。只有这样,才能让典籍文化在跨越时空的传承中焕发出新的光彩。

2. 典籍文化的翻译策略

(1)文化妥协策略

① 生态文化翻译中的文化妥协。纽马克认为,生态文化应涵盖一个民族所特有的动植物种类、地形地貌以及气候条件等元素。鉴于中国

与西方在生态环境方面存在显著的差异，即便是相同的生态内容，也可能蕴含着截然不同的寓意。因此，在翻译涉及生态文化的词汇时，往往难以找到完全对等的译文。为此，采取适当的文化妥协策略，有助于更好地解决这一难题，使译文更加流畅自然，更易于被读者所接受。例如：

原文：贫道浪游至此，四海为家……

（《冥寥子游》屠隆）

译文：I am merely a poor Taoist priest enjoying a vaga-bond's travel, and all the world is my home.

在汉语中，“四海”一词最初专指中国的四大海域，即南海、东海、黄海以及渤海。随着时间的推移，“四海”这一表达逐渐演化为指代全世界的概念。在翻译时，若仅按照字面意思将“四海”直译为具体的海域名称，不仅会歪曲原文的深层含义，还可能使读者产生误解和困惑。因此，在翻译过程中，我们摒弃了字面意思的束缚，转而忠实于原文的本意，将其翻译为“all the world”，以准确传达“四海”所蕴含的广泛含义。

当然，在翻译过程中，当目标语言与源语言在生态内容和寓意上存在相似之处时，通常会采用文化移植的翻译策略，以保留原文中的异域特色和东方风情。然而，在进行文化移植时亦需审慎处理，确保不会因文化差异而导致读者的误读和误解。

原文：秋虫春鸟尚能调声弄舌，时吐好音……

（《幽梦影》张潮）

译文：Even autumn insects and spring birds can make melodious songs to please the ear...

将“秋虫春鸟”直译为“autumn insects and spring birds”不仅无损于整个句子的理解，反而能够在读者的脑海中构建出一幅栩栩如生、美轮美奂的画面，使读者在潜移默化中感受到东方田园风光的独特魅力。

② 物质文化翻译中的文化妥协。物质文化作为人类生活的基本组成部分，涵盖了人们的衣、食、住、行等各个层面，在各种文化中均占据着举足轻重的地位。鉴于中国与西方国家拥有不同的历史背景和风俗习惯，二者在衣食住行方面的文化词汇自然存在显著差异。在翻译过程

中，面对这些物质文化内容的巨大差异，若难以在保持原意的同时实现文化上的和谐统一，译者通常会采取文化妥协的策略来处理。这一策略旨在确保西方读者能够真正理解并领悟其中所蕴含的物质文化内涵，从而增进不同文化之间的交流与理解。例如：

原文：……我辈搦管拈毫，岂可甘作鸦鸣牛喘。

译文：...How can we who write make just noises like the mooing of a cow or the cackling of a crow?

在汉语中，“管”与“毫”二词均指代古代中国所特有的毛笔，其深层次含义则蕴含着书写的动作与意境。若直接依照字面意思进行翻译，不仅难以传达出其真正的文化内涵，更可能使译文显得机械且晦涩难懂。因此，在翻译过程中，译者明智地选择了捕捉其本质含义，将其译为“write”，从而使译文流畅自然，易于理解。

当然，由于不同文化之间的差异，某一文化中的物质元素在另一文化中可能难以找到直接对应的表述。然而，在翻译实践中，只要不会给读者带来阅读上的困扰，译者往往会选择进行文化移植，即保留源语的意象，以激发读者的兴趣，并增强中国物质文化对西方读者的吸引力。这一策略在保留原文意蕴的同时，也促进了不同文化间的交流与理解。例如：

原文：……于腰间折而缝之，外加马褂。

（《浮生六记》沈复）

译文：...she tucked it round the waist and put on a makua on top.

“马褂”乃中国古代独具特色之传统服饰，即便时至今日，仍有众多西方人士对其钟爱有加。根据上下文内容，即便读者对“makua”这一称谓所代表的服饰样式不甚了了，亦能轻易推知它代表了一种服饰。译者在翻译过程中巧妙采用音译法，此举不仅能有效激发读者对中国传统服饰之好奇心理，更能在一定程度上提升译文之阅读美感与流畅度。

③ 社会文化翻译中的文化妥协。纽马克认为，社会文化涵盖了一个民族特有的工作、娱乐以及各类社会活动、竞赛和具有政治意义的内

容等要素。在翻译过程中，文化妥协始终是译者在处理社会文化词汇时常用的策略，尤其是在面对富有独特内涵的汉语社会文化词汇在英语中缺乏对等词汇的情况下，文化妥协的策略便成为一种不可避免的必然选择。例如：

原文：二十三国忌不能作乐……

译文：and as there was to be a national mourning and no music was to be allowed on the twenty-third...

在汉语中，"忌"通常指代禁忌之意，然而，"国忌"一词并非常规意义上的禁忌概念。它实际上是指皇族成员离世时所举行的宫廷祭礼仪式。知名学者林语堂在翻译过程中，巧妙地将"国忌"意译为"national mourning"，这一译法不仅准确传达了原文的含义，更使译文显得更为清晰且富有生动形象。

鉴于东西方社会文化间的显著差异，译者在处理此类文化负载词汇时，多数情况下会采取文化妥协的翻译策略。尽管如此，只要能够确保译文不会给读者带来阅读障碍，译者通常会尽可能采用文化移植的翻译策略，力求在保持文化特色的同时，实现准确传达原文信息的目标。

（2）文化补偿策略

文化补偿，即以注释、加注等形式呈现，乃译者在翻译中华典籍时常用的策略之一。此举旨在规避因文化移植所引发的误读及困惑，同时弥补因文化妥协而致的原文独特文化特色之流失，从而确保译文的准确性与完整性。例如：

原文：水之为声有三：有松涛声，有秋叶声，有波浪声。

（《幽梦影》张潮）

译文：Three kinds of noise made by winds: those of "pine surfs" (the whistle of winds over pine forests as heard from a distance), of autumn leaves, and of waves.

（林语堂 译）

在翻译过程中，林语堂先生首先将"松涛"巧妙地转化为"pine surfs"，随后对其深层含义进行了详尽的阐释："the whistle of winds over pine forests as heard from a distance"。此种译法不仅精准地保留了原语的独特韵味、韵律之美以及句式结构，更能够引领读者深入其中，仿佛身临其境，感受那松涛阵阵、风声呼啸的壮丽景象。

在处理物质文化用词方面，译者对于文化补偿的运用频率相较于其他两种文化词处理方式而言，相对较低。仅在补偿翻译不会对译文的整体阅读效果产生显著影响时，才会采用此种策略。例如：

原文：中饭时，由水仙的芬芳，想到儿时过年吃的，福建的萝卜粿。

（《庆祝旧历元旦》林语堂）

译文：At lunch, the smell of the narcissus made me think of one kind of Fukien nienkao, rice pudding made with turnips, which I used to have for the New Year in my childhood.

（林语堂 译）

将"萝卜粿"这种传统的地域性食物译为"nienkao, rice pudding made with turnips","nienkao"保留了其文化独特性，"rice pudding"让食物变得更诱人。这种文化补偿的翻译方式将中国独特的食物完整形象地展现在西方读者面前。

原文：扶桑玉书，其不问邻乎？

（《冥寥子游》屠隆）

译文：The jade book of Fusang—shall he not ask his neighbors concerning its whereabouts?

（林语堂 译）

"扶桑玉书"直译为"jade book of Fusang"，依据上下文语境，明确指涉一部著作，可避免产生歧义。此翻译策略在保障译文流畅可读的基础上，有效传承了中国传统文化精髓。译者对于社会文化词汇的补偿处理亦较为审慎，通常在不损害译文可读性的前提下进行补偿翻译，此种处理方式往往能带给读者新颖独特的阅读体验。

原文：烟雨如黛，群山黯淡，奇绝变幻，亦大可喜，则吴王西子之颦也。

（《冥寥子游》屠隆）

译文：When a mist and rain hang over the lake and the many hills are enveloped in gray, changing into the most unexpected colors. It is also a source of great delight, for we know when it is Hsishih, Queen of the Wu kingdom, knitting her eyebrows.

（林语堂 译）

林语堂在翻译“吴王西子”时，起初将其音译为“Hsishih”，随后又添加释义“Queen of the Wu kingdom”，以增进西方读者的理解。然而，与西方读者不同，中国读者普遍了解“西子”作为古代美人、吴王皇后的身份，因此在汉语中无需额外的文化补充。若为提高可读性而舍弃对“西子”的详细介绍，则可能使译文失去最为生动的意象；单纯音译“西子”，又可能引发阅读障碍。因此，林语堂巧妙地运用补偿翻译的手法，将音译与释义合二为一，既保留了原文的韵味，又使西方读者能够领略到这位古代美人的魅力和历史地位。

第二节 诗词曲赋文化传播与翻译

一、诗词曲赋文化

（一）诗词曲赋文化的定义

诗词曲赋，简而言之，便是以诗词、曲赋为载体，传递情感、思想、哲理以及历史文化内涵的一种独特文化形式。它源远流长，深深植根于中华民族的文化传统中，是中华文化瑰宝的重要组成部分。

诗词曲赋文化以其独特的艺术形式和表现手法，展现了中华民族丰富的情感世界和深邃的思想内涵。诗词以其精练的语言、优美的韵律和深远的意境，表达了人们对自然、社会、人生、情感等诸多方面的感悟和理解；曲赋则以其活泼的节奏、丰富的想象力和多样化的表现形式，生动地再现了人们的生活场景和社会风貌。

（二）诗词曲赋文化的特征

诗词曲赋，作为中华文化的瑰宝，自古以来便以其独特的魅力吸引着无数文人墨客。这种文化形式的特征，可以从以下几个方面进行阐述。

诗词曲赋具有极高的艺术审美价值。无论是诗词的韵律之美，还是曲赋的华丽辞藻，都体现了中华文化的深厚底蕴和独特魅力。这种艺术审美价值不仅体现在语言的优美和表达技巧的高超上，更体现在对人生哲理、社会现实和自然景色的深刻洞察和独特见解上。

诗词曲赋具有强烈的情感色彩。诗人词客们通过诗词曲赋来表达自己的喜怒哀乐、悲欢离合，抒发内心的激情和感慨。这些作品充满了对生活的热爱、对人性的关注、对时代的反思，使读者在欣赏之余，也能感受到作者的情感共鸣和心灵震撼。

诗词曲赋还具有深刻的历史文化内涵。许多诗词曲赋作品都承载着丰富的历史信息和文化内涵，反映了当时的社会风貌、风土人情和人文精神。通过对这些作品的研究和欣赏，人们可以更好地了解历史、传承文化、弘扬民族精神。

诗词曲赋还具有广泛的群众基础。自古以来，诗词曲赋就是人们喜闻乐见的文学形式之一。无论是宫廷文人还是民间艺人，都热衷于创作和表演诗词曲赋作品。这种广泛的群众基础使诗词曲赋文化得以传承和发展，成为中华文化宝库中不可或缺的一部分。

（三）诗词曲赋文化的分类

诗词曲赋文化，作为中华文化的瑰宝，源远流长，博大精深。这一文化现象的分类，可以从多个维度进行解读，如形式、内容、风格等。

从形式上看，诗词曲赋各有其独特的结构和韵律。诗，如五言、七言、绝句、律诗等，注重平仄、对仗和押韵；词，如小令、中调、长调等，以词牌为约束，形式相对自由；曲，包括散曲和戏曲，具有鲜明的节奏和韵律特点；赋，则是一种散文形式，注重铺陈、描写和抒情。

从内容上看，诗词曲赋涵盖了广泛的主题。它们可以描绘自然风光，如山水、花鸟、雨雪等；可以抒发个人情感，如喜怒哀乐、离愁别绪等；还可以表达社会现象，如战争、民生、政治等。这些内容既反映了作者的个人情感，也体现了时代的精神风貌。

从风格上看，诗词曲赋呈现出多样化的特点。有的作品豪放奔放，如李白的诗歌；有的作品婉约含蓄，如李清照的词作；有的作品幽默诙谐，如元曲中的散曲；有的作品则深沉凝重，如杜甫的诗歌。这些风格各异的作品，共同构成了诗词曲赋文化的丰富内涵。

（四）诗词曲赋文化的功能

诗词曲赋文化作为中华文化的重要组成部分，其功能体现在诸多方面。

诗词曲赋承载着传承历史文化的重任。自古以来，诗人们通过诗词来表达自己的思想、情感和对社会现实的看法，从而留下了丰富的历史文化遗产。这些诗词作品不仅记录了当时的社会风貌、人民生活和思想潮流，还传承了中华民族的文化传统和价值观。

诗词曲赋具有弘扬民族精神的作用。诗词中常常蕴含着对祖国的热爱、对民族文化的自豪以及对生活的热情，这些内容能够激发人们的爱国情感，增强民族自信心和凝聚力。在困难和挑战面前，诗词的力量能够激励人们团结一心，共同面对挑战，展现出民族精神的伟大力量。

诗词曲赋还具有审美教育的作用。通过欣赏诗词作品，人们可以培养自己的审美观念，提高艺术鉴赏能力。诗词中的优美语言和深邃意境，能够陶冶人们的情操，提升精神境界。

诗词曲赋文化还具有社会交际的功能。在古代社会，诗词是文人墨客之间交流思想、情感的重要工具。通过诗词的唱和、赠答等形式，人们可以建立友谊、增进了解，促进社会的和平与发展。在现代社会，诗词曲赋文化依然发挥着重要作用，通过各种形式的诗词活动和交流，人们可以增进彼此之间的了解和信任，促进社会的进步和繁荣。

二、诗词曲赋文化翻译

(一)诗词曲赋翻译理论

1. 文化翻译理论

英国著名翻译理论家、诗人和文学家,苏珊·巴斯奈特(Susan Bassnett)的文化翻译理论认为翻译重在文化交流,文化是第一位的,信息是第二位的,该理论的核心是实现文化功能对等,要实现文化功能对等,要发挥译者的主观能动性。

文化翻译理论的具体内容:翻译应以文化作为翻译的单位,而非停留在以往的语篇之上;翻译不只是一个简单的译码和重组的过程,更重要的还是一个交流的行为;翻译不应局限于对源语文本的描述,而在于该文本在译语文化里功能的等值;不同历史时期翻译有不同的原则和规范,用来满足文化的需要和一定文化里不同群体的需要。

2. "三美"理论

许渊冲先生是我国诗歌翻译界的泰斗,他关于诗歌翻译的"三美"论得到了广大翻译界学者的肯定和推崇。"三美"论是许渊冲先生在1979年写给朱光潜的信中首次提出,并决定其在翻译中追求"求美"重于"传真"的原则。他认为唐诗翻译要尽可能传达原诗的"意美""音美"和"形美",诗歌翻译是一种创造美的过程,是"意美""音美"和"形美"的结合体。"三美"各司其职:意美以感心,音美以感耳,形美以感目。[①]译者需仔细安排和镶嵌每一个韵脚、每一个对偶和每一个意象,把它们放置在"三美"的最佳位置上,却又不留任何雕琢的痕迹,需苦心孤诣地锤炼和雕琢每一个字,使之字字珠玑,令读者在欣赏诗作时感受到那种"大珠小珠落玉盘"的艺术效果。

---

① 吴智娟.许渊冲翻译美学思想浅议[J].黑河学院学报,2024,15(4):177-180.

（二）诗词曲赋翻译的原则与策略

在历史的洪流之中，中国的诗词文化盛行，尤其是古诗文化源远流长，这奠定了中华民族文化的自信的基础。为了传播中华优秀传统文化，树立文化自信，更好地弘扬中国传统文化，翻译诗歌成为传播文化的重要议题。

1. 诗词曲赋翻译的原则

诗词曲赋作为中国传统文化的瑰宝，其翻译过程既需遵循一定的原则，又要考虑如何将这些原则巧妙地融合在一起，以最大限度地保留原作的韵味和意境。

翻译诗词曲赋应遵循“信、达、雅”的原则。信，即忠实于原文，确保译文的准确性；达，即通顺流畅，让译文读者能够轻松理解；雅，即追求译文的优美和文雅，使译文在传达原意的同时，也具有一定的艺术价值。

翻译诗词曲赋应遵循“三美”原则，即“意美”“音美”“形美”。意美，译诗要和原诗保持同样的意义，以意动人；音美，译诗要和原诗保持同样悦耳的韵律；形美，译诗要和原诗保持同样的形式（长短、对仗）等。

翻译诗词曲赋应遵循“以诗译诗、以曲译曲”的原则。译者尽量使用与原作相似的文学形式进行翻译，以便让译文读者能够更好地感受到原作的韵味和意境。

诗词曲赋的翻译是一项既具挑战性又富有创造性的工作。只有在遵循一定原则的基础上，充分发挥译者的主体性和创造性，才能确保译文的质量和美感，让原作在跨文化交流中焕发出新的生机与活力。

2. 诗词曲赋翻译的策略

（1）形式翻译

古代诗词所表达的形象往往与作者思想是紧密相关的，诗人喜欢利用一些恰当的表现方法来表达自己的思想和情感。对于这类诗词的翻译，通常合理的做法是采用形式翻译，确保所翻译的译文在形式上与原文具有一致性，从而准确传达原文的形式美，体现原文的韵味。形式翻译追求译诗的学术价值，是对原诗的形式（包括音韵）的绝对忠实，认为译诗应该像镜子一样，精确地“反映”原诗。

在诗词中，诗词的形象、内容密切相关。诗人如果想要全方位传达自己的思想，就需要利用具体的物象来传达。进一步而言，形式翻译的过程中需要注重两个方面。[①]

第一，对诗词的形式进行保留，译者需要注重准确传达诗词所含有的文化特性以及内涵，这是首要的，进而保留诗词的形式，从而实现诗词翻译的形式与韵味的双重体现。

第二，保留诗词原文分行的艺术形式。不同的诗词使用的分行格式是不同的，格式在一定程度上也体现着诗词的意蕴，是作者不同思想意图的传达，因而译者在翻译过程中需要充分考虑诗词分行中所产生的美学意蕴，给予最大程度的保留。

在诗歌形式上，屈原打破了《诗经》整齐的四言句式，创造出句式可长可短、篇幅宏大、内涵丰富的“骚体诗”，开创了中国浪漫主义的先河。因而，对原文诗歌形式的再现对于“骚体”的再现具有重要的意义。许渊冲认为，“形美”指译诗在句子和对仗工整方面尽量做到与原诗形似。[②] 但是许渊冲所追求的并不是对号入座的“形似”。根据许渊冲的翻译诗学观，在诗歌形式的处理上，他兼顾翻译规范、目标读者的阅读习惯以及审美倾向等因素，忠实于原文的基础上合理使用归化策略，传达出原文的内涵的同时，尽可能实现形式美。例如：

原文：
揽木根以结茝兮，贯薜荔之落蕊。
矫菌桂以纫蕙兮，索胡绳之纚纚。

（《离骚》屈原）

译文：
I string clover with gather wine, oh!
And fallen stamens there among.
I plait cassia tendrils and wine, oh!

① 张欢．浅析文化语境对诗歌英译的影响[J]．今古文创，2021（18）：123-124.
② 许渊冲．文学与翻译[M]．北京：北京大学出版社，2003：26.

Some strands of ivy green and long.

（许渊冲 译）

在翻译过程中，许渊冲根据英汉诗歌的异同，使用英语诗歌的平行结构再现原文诗歌的形式美，同时也实现了原诗的意美。许渊冲的译文在句式方面，照顾到目标读者的阅读习惯，补出了主语I，构成英语SVO结构，第一、三句的字数对等，构成主语对主语，谓语对谓语的结构，给人以视觉上的美感。另外，译者发挥译语优势，在兼顾原诗形美的前提下，用等化的译法将"落蕊""菌桂"逐一译出，"fallen stamens""cassia tendrils""strands of ivy green"，再现了原文的意象，从而使读者知之、乐之、好之。可见，许渊冲基于原文的基础上用符合英语语言规范的方式表达，充分调动自己的审美能力和创造能力，根据原诗内容选择恰当的译诗形式，将原诗的神韵传达出来，做到了形神兼备。

（2）阐释性翻译

阐释性翻译法是一种在翻译过程中，为了忠实传达原作的形式与内涵，而采用的一种翻译策略。这种方法涉及对原文的深入理解，并依据目标语言的习惯对文字进行必要的加工，以使译文能够准确、完整地传达原文的信息和艺术效果。阐释性翻译的目的是让读者获得原著的信息，因此，它要求译者不仅要理解原文的表面意思，还要能够洞察其深层的文化、历史和语言背景。就诗歌翻译而言，阐释性翻译追求的是诗歌的文学价值，追求保留原诗的意境美和音韵美，并在此基础上尽可能地保留原诗的形式美。

许渊冲先生译诗最讲究的是传达诗的内涵意义，却又不过分拘泥于原诗，他灵活地运用了阐释翻译法。例如：

原文：

椒专佞以慢慆兮，椴又欲充夫佩帏。

既干进而务入兮，又何芳之能祇？

（《离骚》屈原）

译文：

The pepper flatters and looks proud.oh!

It wants to fill a noble place.

It tries to climb upon the cloud, oh!

But it has nor fragrance nor grace.

（许渊冲 译）

《离骚》诗歌里的意象是诗人情感的寄托。椒（“香椒”）和榝（“茱萸”）喻指专横的小人，芳（“香草”）则喻指品德高尚之人。译者并没有将这些意象等一一译出，而是将诗句的意思传达出来，可见，译者追求的并不是表层的意似，而是深层次的意美，展现了诗人笔下的小人谄媚之态。因而，译者采用了浅化的译法，将佩帏（“香囊”）译为“noble place”再现了官场中品行低劣的小人攀权附贵的行径。其次，许渊冲将原文中的部分意象省略，如将“茱萸”“芳草”省略，并没有局限于原文，而是将诗句的意思传达出来。同时，译者也保持了诗句的押韵和形式上的工整，保持了诗歌的音美和形美，可见许渊冲把“意美”放在第一位，同时尽可能兼顾音美和形美的翻译诗学观。

（3）“文化转基因”翻译

“文化基因”是对于生物基因而言的非生物基因，主要指经先天遗传和后天习得，主动或被动，自觉与不自觉而置入人体或特定群体内的最小信息

单元和最小信息链路，主要表现为信念、习惯、价值观等[①]。“文化基因”是每种文化所特有的因子，即文化因子。“转基因”是指利用分子生物学手段将人工分离和修饰过的基因导入生物体基因组中，使其生物性状或机能发生部分改变[②]。

基于“文化基因”和“转基因”的概念，我们可以这样来定义“文化转基因”，即将人工分离和修饰过的异体文化基因导入被导入体的文化基因组中，由于导入文化基因的表达，引起被导入文化基因性状的改变，从而产生一种新的文化基因。就翻译领域而言，文化转基因是指在翻译过程中仔细分析源语、找出表现其主要特征的文化基因片，再根据译语表达规范进行重组。这是一个传输源语文化，移植文化因子的过程，源语的文化因子移进译语，形式或同或异，但其本质并未改变。

在许渊冲的译文中，他巧妙地运用了英语诗歌的韵律和节奏，使译

① 许晓菁，郑千里．从《功夫熊猫》看转基因文化在动画影视中的运用[J]．装饰，2008（8）：86.

② 郭于华．透视转基因：一项社会人类学视角的探索[J]．中国社会科学，2004（5）：142.

文在保持原诗意境的基础上也符合了英语诗歌的审美标准。同时,他还注重传递原诗中的文化信息,使译语读者能够更好地理解和欣赏这首诗歌。从文化转基因的角度看,许渊冲的译文成功地实现了诗歌翻译的"三美":意境美、音乐美和形式美。他通过巧妙的翻译手法,将原诗中的意境和韵味完美地呈现在译语读者面前,使他们能够感受到原诗所传递的情感和意境。同时,他还注重译文的音乐性和形式美,使译文在朗读时能够产生美妙的韵律和节奏感,进一步增强了诗歌的艺术魅力。

在中国的诗歌翻译中,"三美"原则一直被视为重要的指导方针,即意美、音美、形美。然而,在这三者之中,意美无疑是最为核心的部分,因为它是一首诗的灵魂所在。正如钱钟书先生所强调的那样:"躯壳换了一个,而精神姿质依然故我。"这句话深刻地揭示了诗歌翻译中,尽管语言形式可能发生变化,但诗的灵魂——意美,必须得到忠实的传达。

以南朝齐时著名山水诗人谢朓的名作《游东田》为例,这首诗以清新流畅的笔触描绘了东田山水的自然之美。诗人用细腻的笔触勾勒出了一幅美丽的山水画卷,让人仿佛身临其境,感受到了大自然的生机与活力。而许渊冲所译的《游东田》则为我们提供了一个很好的翻译范例。

原文:

游东田

——谢朓

戚戚苦无惊,携手共行乐。
寻云陟累榭,随山望菌阁。
远树暧阡阡,生烟纷漠漠。
鱼戏新荷动,鸟散余花落。
不对芳春酒,还望青山郭。

译文:

Excursion on Eastern Fields

Cheerless, I'm dreary beyond measures;
We go hand in hand to seek pleasure.
We enjoy clouds from height to height;
And see from hilltop sight to sight.
On gloomy woods I gaze and gaze;

Mist and smoke rise like haze in haze.
Fish play among new lotus leaves;
Birds gone, the fallen flower grieves.
I would not drink sweet vernal wine;
But linger before mountains fine.

(许渊冲 译)

①文化转基因与“意美”。当我们面对古典诗歌时,会发现其用词往往带有浓厚的历史文化痕迹。这些词汇对于现代读者来说可能已经变得陌生,对于译语读者来说更是如此。因此,如何在翻译过程中保持原诗的意美,成为一个极具挑战性的任务。

此诗中的第三句“寻云陟累榭”中的“榭”字,就是一个典型的例子。在现代汉语中,“榭”意指“建筑在台上的房屋”[①],然而,如果直接将其翻译为英文,不仅原句的美感会大打折扣,译语读者也很难理解其中的含义。为了避免这种情况,许渊冲先生巧妙地进行了虚实转换,以虚替实,用“height”一词来指代高耸的楼台,将整句译为“We enjoy clouds from height to height.”这样的翻译既保留了原诗的美感,又让译语读者能够轻松地理解。同样,诗句“还望青山郭”中的“郭”字也属于古语,意为“物体的四周”[②]。如果按照字面意思进行解释,译诗的效果可能会大打折扣。因此,译者选择了淡化处理,将“郭”字的影响降到最低,仅使用“mountains”来表达,将整句译为“But linger before mountains fine.”这样的处理方式使译诗与原诗在意境上保持了高度的一致,译语读者与原语读者的感受也颇为相似。

通过这些具体的例子,我们可以看到,在诗歌翻译中,保持意美的重要性不言而喻。只有当我们成功地传达了原诗的灵魂,才能让译语读者真正感受到诗歌的魅力所在。因此,译者在追求音美和形美的同时更应该注重意美的传达,让诗歌翻译成为一座跨越语言和文化障碍的桥梁。

由于长期的历史积淀,英汉民族形成了各自独特的文化意象。这些

① 中国社会科学院语言研究所词典编辑室编.现代汉语词典(2001)[Z].北京:商务印书馆,2001:1396.

② 《古汉语常用字字典》编写组.古汉语常用字字典[Z].北京:商务印书馆,1979:109.

意象往往深深地根植于语言中,成为民族文化的一部分。然而,这种文化差异却成为翻译过程中的一大障碍,尤其是在诗歌翻译中。诗歌作为语言的艺术,常常借助各种文化意象来传达诗人的情感和意境。因此,如何准确地转换这些意象,使之在译文中得以有效传达,成为翻译家们面临的一大挑战。例如,《游东田》中"随山望菌阁"中的"阁"字,在中国文化中有着深厚的内涵。它指的是一种古式建筑,常见于风景区或庭院之中,形状多为四方形、六角形或八角形,一般为两层,周围开窗,多建筑在高处,以供人们登高望远[①]。对于汉民族来说,这个意象是非常熟悉的,它承载着丰富的文化内涵和审美情感。然而,对于西方人来说,这个意象却是陌生的,难以理解的。

在这样的背景下,翻译家许渊冲在处理这一意象时展现出了高超的翻译艺术。他在深入理解和透彻领悟原诗的基础上,并没有简单地直译"阁"字,而是将其转化为"And see from hilltop sight to sight"。这样的译法既避免了照本宣科,使译语读者感到困惑;又没有过度解释,使译语读者在欣赏诗歌的同时感受到原诗中的意境和情感。

许渊冲的翻译方法体现了他在处理文化意象时的灵活变通。他并没有拘泥于原文的字面意义,而是从文化转基因的角度出发,寻找译语中与源语意象能产生共鸣的词汇。这种翻译方法不仅保留了原诗的意美,还使译语读者能够更好地理解和欣赏原诗的文化内涵。

②文化转基因与"音美"。诗歌的魅力在于它能够借助语音和韵律的力量,传达出人们复杂而细腻的思想感情。这种思想感情,如同珍珠般镶嵌在韵律的精美框架中,共同构筑了诗歌独特的艺术魅力。韵律作为诗歌内容和神韵的载体,其重要性不言而喻。在翻译诗歌时,如何巧妙地保留原诗的韵律成为译者面临的一大挑战。汉语诗歌与英语诗歌在韵律上存在着显著的差异。

汉语诗歌主要通过平仄音调来形成节奏,而英语诗歌则以音步为单位,通过轻重音节相间的形式来构建节奏。这种差异使译者在翻译过程中,很难直接将一种语言的韵律模式植入另一种语言中。然而,正是在这种差异中,我们看到了诗歌翻译的无限可能性。许渊冲先生始终坚持在译诗中运用押韵的翻译策略。他认为,可以通过借用译语诗人常用的

---

① 中国社会科学语语言研究所词典编辑室.现代汉语词典(2001)[Z].北京:商务印书馆,2001:424.

格律,选择和原诗音似的韵脚,以及运用双声、叠韵、重复等手法,来传达原诗的音美。

原诗以 aa/b/cc 押 /e/ 与 /uo/ 尾韵,读起来朗朗上口,极富乐感。在翻译时,许先生巧妙地运用了 aa/bb/cc/dd/ee 式押尾韵,使音韵整齐划一。同时,他还通过精心选择词汇,使译诗在音韵上与原诗相呼应。如第一,二行中的"measure"和"pleasure"带有相同尾音后缀 [ʒə];第三,四行的尾音后缀都为 [ait];第五,六行中的"gaze"和"haze"尾音后缀同为 [eiz];第七,八行中的"leaves"和"grieves"尾音后缀均为 [iː vz];第九,十行的尾音后缀都为 [ain]。这样的音韵设置有效地补偿了原诗音美的损失。

除了音韵上的处理,许先生还注重表现原诗中的空间感和深远缥缈的感觉。他巧妙地运用叠字手法,使译诗中的景物描写充满了空间感和深远感。如原诗的第三句"远树暧阡阡,生烟纷漠漠",通过叠字"阡阡"和"漠漠",生动地描绘出远处树木繁茂、连成一片,周围又为一层薄雾轻烟所笼罩的景象。在译文中,许先生将其译为"On gloomy woods I gaze and gaze; Mist and smoke rise like haze in haze",其中的"gaze and gaze 和 haze in haze"与原诗的"阡阡"和"漠漠"相呼应,成功地传达了原诗的空间感和深远感。

许渊冲先生在诗歌翻译中,不仅固守了中诗"音美"的特色,还巧妙地将其输出给译语读者。这种处理方式既保留了原诗的艺术魅力,又使译诗在音韵和意境上与原诗相呼应。这种文化的转基因不仅丰富了译语读者的审美体验,也促进了不同文化之间的交流与融合。

③文化转基因与"形美"。"形"也是中国古典诗词的精髓之一。五言、七言是中国古典诗的核心模式,而十音诗是英国诗歌诗行长度的核心模式[①]。英诗长度一般比中诗长,很难达到中诗的整齐划一。在翻译诗歌时,有人主张将其译成散体诗,有人主张将其译为诗体诗,许渊冲主张后者。中文古诗词平仄、韵律以及句数的要求非常严格,就像"戴着手铐脚镣跳舞一样"。许渊冲在翻译中也自觉地戴上了这副"手铐脚镣",除了要传达"舞蹈"的"意境美",还力求使译文具有严格的韵律、音步和句数,使译诗与原诗拥有同样出神入化的和谐统一与美感。他在诗歌翻译中坚持采用相对固定的形式,在诗句长短和对仗工整方面尽可能

① 辜正坤. 中西诗比较鉴赏与翻译理论[M]. 北京:清华大学出版社,2003:17.

做到形似。他说:“以诗体译诗好比把兰陵美酒换成了白兰地,虽然酒味不同,但多少还是酒;以散体译诗就好像把酒换成了白开水。白开水虽可以解渴,但在人们需要高级精神饮料时,白开水就不能满足人们的欲望了。”用杨振宁先生的话来说,他在用韵文翻译诗词时“戴着音韵和节奏的镣铐跳舞,跳得灵活自如,令人惊奇”。

《游东田》原诗对仗工整,每一大句有两个分句,共十个分句。译诗句句对应,充分体现“形美”;原诗每个分句五字,译诗除第一和第二个分句各有九个音节外,其余均为八个音节,也体现了“形美”;另外,中国诗人擅用叠字使其所写景物富有空间感和深远缥缈的感觉,许渊冲将“阡阡”和“漠漠”两组叠字译为“gaze and gaze”和“haze in haze”,不能不说是诗歌翻译中讲究“形美”的又一杰作。可见,在“形”的处理上,许先生同样采用了文化转基因的方法,固守了中诗的精髓,将其作为中华文化的瑰宝呈现在了译语读者面前。

第三节 散文小说文化传播与翻译

一、散文小说文化

(一)散文与小说的定义

1.散文的定义

散文,顾名思义,是一种不拘一格、自由抒发的文体。它不同于诗歌的韵律和节奏,也不同于小说的情节和人物塑造,更不同于论文的严谨和逻辑。散文以其独特的魅力成为文学殿堂中的一颗璀璨明珠。

散文的魅力首先在于其语言的优美与生动。散文的语言,如同涓涓细流,既有清澈见底的明净,又有波澜不惊的从容。它时而细腻如丝,描绘出生活中的点滴细节;时而磅礴如潮,抒发着作者的情感与思绪。散文的语言,既具有诗意的美感,又不失日常的亲近感,让读者在品味中感受到生活的美好与韵味。散文的魅力还在于其思想的深邃与独到。散文往往以生活中的琐事为引子,通过作者的观察和思考,揭示出生活的真谛与人生的哲理。它或是对自然的描绘,或是对社会的反思,或是对人性的剖析,都能让读者在轻松的阅读中收获到深刻的启示与感悟。散文的魅力更在于其情感的真挚与动人。散文往往是作者内心情感的真实流露,无论是喜悦、忧伤、愤怒还是思考,都能在散文中得到充分的表达。这种真挚的情感让读者在阅读中能够感受到作者的喜怒哀乐,与作者产生强烈的共鸣与情感共鸣。

2. 小说的定义

小说是一种文学体裁,它通过塑造人物、叙述故事、描绘环境等手段,来展现社会生活的各个层面,揭示人性的复杂多样,以及人类对美好生活的追求与探索。小说以丰富的想象力和独特的艺术构思,为读者带来视觉、听觉、嗅觉、触觉等多重感官的享受,引导人们深入思考生活、社会、人性等深层次的问题。在小说的世界里,作者通过巧妙的叙事手法和细腻的心理描写,将读者带入一个充满奇幻与真实交织的虚拟空间。小说中的主人公往往具有鲜明的个性特点和成长历程,他们在经历种种磨难与考验后,逐渐成长为具有深刻思想内涵和独立人格魅力的个体。同时,小说还通过丰富的情节设置和生动的人物关系,展现了社会的多元面貌和复杂的人际关系。

小说的风格多种多样,既有浪漫主义的激情奔放,又有现实主义的冷静客观;既有幽默诙谐的轻松愉悦,又有深沉内敛的厚重感。不同风格的小说各具特色,吸引了广大读者的关注和喜爱。此外,小说还常常融入各种文化元素和历史背景,使作品具有深厚的文化底蕴和时代价值。

(二)散文与小说的特征

1. 散文的特征

散文的特征,犹如一幅淡雅的水墨画,既有笔触的灵动,又有墨色的深邃。

首先，形式自由、内容多样。散文不拘泥于固定的结构，不受严格的章法限制，如同溪水潺潺，自在流淌，呈现出一种天然的姿态。在内容上，它可以描绘山水风物，抒发情感思绪，探讨哲理思考，展现历史人文，其涉猎之广，如同大千世界，无奇不有。

其次，散文的语言质朴而富有韵味。它不求华丽辞藻的堆砌，而是追求语言的真实与生动。散文的语言往往简练而富有内涵，字里行间透露出作者的情感与思想。同时，散文善于运用比喻、拟人等修辞手法，使语言更具表现力和感染力，使读者在阅读过程中产生共鸣与感悟。

再次，散文的意境深远而含蓄。它不像小说那样直接描绘人物和情节，而是通过描绘自然景色、社会现象等，营造出一种独特的氛围和意境。这种意境往往含蓄而深远，需要读者用心体会，方能领悟其中的真谛。这种特点使散文在文学作品中独树一帜，具有独特的魅力。

最后，散文的情感真挚而动人。它往往以作者的个人经历、情感体验为线索，通过细腻的描绘和深入的剖析，展现出作者的情感世界。这种情感真挚而动人，能够引起读者的共鸣，让读者在阅读过程中感受到作者的喜怒哀乐，体验到生活的酸甜苦辣。

2. 小说的特征

小说的特征在于其丰富的想象力和深入的探索，它不仅仅是一个故事的叙述，更是一种情感的抒发和思想的传递。小说常通过细腻的描绘和生动的情节，将读者带入一个全新的世界，让读者在其中体验各种情感和生活状态。

小说的另一个显著特征是它的人物塑造。作者通过细腻的笔触，刻画出一个个鲜活的人物形象，他们有各自独特的性格、经历和情感。这些人物在小说中扮演着重要的角色，推动着情节的发展，同时也引发读者对人性、命运等问题的思考。

此外，小说的语言风格也是其独特之处。小说可以采用各种语言形式来表达，从平实的叙述到华丽的修辞，从朴实的对话到诗意的描绘，都能在小说中找到。这种多样化的语言风格使小说具有更强的表现力和感染力，能够吸引读者的眼球，引发读者的共鸣。

（三）散文与小说的分类

1. 散文的分类

散文，作为文学的一种重要体裁，其内涵广泛且深邃。它既有诗歌的韵味，又具备小说的情节，同时也融入了议论文的思辨性。根据表达方式和写作风格的不同，散文可以划分为多个类别。

首先，按照表达方式的不同，散文可以分为叙事散文、抒情散文和议论散文。叙事散文侧重于叙述事件或经历，通过具体的事例来展现作者的所见所闻所感。抒情散文更注重表达作者的情感和心境，通过细腻的描绘和真挚的情感流露，让读者感受到作者内心的波澜。议论散文则是以论述和探讨为主，通过深入的分析和严密的逻辑，表达作者对某一问题或现象的看法和见解。

其次，根据写作风格的不同，散文又可分为写实散文、写意散文和哲理散文。写实散文以真实、客观的笔触描绘生活，力求还原事物的本来面目。它注重细节的刻画和场景的描绘，使读者仿佛置身其中，感受到生活的真实与美好。写意散文更注重意境的营造和情感的表达，通过巧妙的比喻和象征，展现出一种独特的艺术境界。哲理散文寓理于情，通过具体的事例和生动的描绘，表达作者对人生、自然和社会的深刻思考。

最后，还有一些其他类型的散文，如游记散文、小品散文等。游记散文以描绘自然风光和人文景观为主，通过作者的游历经历，让读者领略到各地的风土人情和自然景观。小品散文则更为短小精悍，通常以某一细节或片段为切入点，通过精练的语言和独特的视角，表达出作者的独特见解和感受。

2. 小说的分类

小说的分类多种多样，每一种都有其独特的魅力和表现形式。

首先，历史小说，它以历史事件或历史人物为背景，通过虚构的故事情节，再现那个时代的风貌。历史小说不仅可以让读者了解历史，更能让他们通过故事中的主人公，感受到那个时代的氛围和人们的情感。这类小说往往具有深厚的文化底蕴和丰富的历史细节,让读者在阅读中收获知识和感悟。

其次,科幻小说,它以科学为基础,通过想象和创造,描绘出一个充满奇幻色彩的未来世界。科幻小说往往涉及未来科技、外星生命、时空穿越等主题,让读者在惊叹于作者的想象力之余,也能思考人类未来的发展和命运。这类小说具有很强的启发性和前瞻性,能够激发读者的好奇心和探索精神。

再次,推理小说,它以解谜为核心,通过精心的情节设计和人物塑造,引导读者一起探寻真相。推理小说往往具有紧张刺激的情节和出人意料的结局,让读者在阅读过程中不断猜测和推理,直到真相大白。这类小说能够锻炼读者的逻辑思维和推理能力,让阅读变得更加有趣和富有挑战性。

最后,青春小说、奇幻小说、悬疑小说等多种类型,每一种都有其独特的魅力和受众群体。这些小说类型不仅丰富了文学作品的多样性,也让读者有更多的选择余地,可以根据自己的喜好和需求来选择适合自己的阅读材料。

（四）散文与小说的功能

1. 散文的功能

散文除了记录生活的点滴与感悟,更是传递情感与思想的桥梁。它以其独特的语言魅力,将世间万物描绘得栩栩如生,让读者仿佛置身其中,感受到作者的情感与心境。

散文作为文学的一种表现形式,其最显著的功能之一便是抒发情感。无论是喜悦、忧伤、愤怒还是平静,散文都能以恰当的方式表达出来,让读者在字里行间感受到作者的情感波动。这种情感表达往往真实而深沉,能够触动读者的内心,引发共鸣。

此外,散文还具有思考与启示的功能。它通过对生活现象、自然景色、社会现象等方面的描绘,引导读者进行深入的思考。散文中的哲理与智慧,往往能够启迪读者的心灵,帮助他们更好地理解生活、认识自我。

再者，散文还具有审美与娱乐的功能。它以其优美的语言、生动的描绘和独特的艺术风格，给读者带来美的享受。阅读散文不仅可以陶冶性情、提升审美情趣，还可以在忙碌的生活中找到片刻的宁静与放松。

2. 小说的功能

小说的功能多种多样，它不仅是人们娱乐消遣的工具，更是传承文化、反映社会、启迪智慧的重要途径。

首先，小说作为一种文学体裁，具有娱乐和审美的功能。它通过精彩的故事情节、生动的人物形象、细腻的心理描写等手段，吸引读者沉浸其中，享受阅读的乐趣。小说中的情节跌宕起伏、扣人心弦，人物形象栩栩如生、各具特色，这些都让读者在阅读过程中感受到美的熏陶和享受。

其次，小说具有传承文化的功能。作为一种文学形式，小说承载着丰富的历史文化内涵。通过小说，我们可以了解到不同历史时期的社会风貌、价值观念、道德观念等，从而加深对传统文化的认识和了解。同时，小说也是传承民族精神、弘扬社会主义核心价值观的重要载体，它通过对人物形象的塑造和故事情节的展现，传递着积极向上的精神力量。

再次，小说还具有反映社会的功能。它通过对社会现象、社会问题的深入剖析和描写，让读者更加深入地了解社会现实，认识到社会的复杂性和多样性。小说中的故事情节和人物形象往往反映了社会的某些方面或问题，通过对这些方面的描写和反思，读者可以更加深入地思考社会问题，从而对社会有更加全面和深刻的认识。

最后，小说还具有启迪智慧的功能。它通过对人性的探索、对人生的思考、对世界的理解等方面的描写和阐述，启迪读者的智慧，引导读者深入思考人生、社会、世界等重大问题。小说中的故事情节和人物形象往往具有深刻的内涵和寓意，读者在阅读过程中可以从中汲取智慧，提升自己的思考能力和认知水平。

二、散文小说文化翻译

（一）散文小说翻译理论

1. 散文翻译理论

（1）语义翻译和交际翻译理论

彼得·纽马克作为英国知名的翻译家与翻译理论家，提出了“语义翻译”和“交际翻译”这两个核心概念[①]。其中，交际翻译的核心目标在于使译文读者所获得的效果尽可能贴近原语读者阅读原文时的体验；语义翻译则致力于在符合目标语言语义与句法结构的前提下，尽可能准确地传达原文的精确语境意义。纽马克坚信，唯有结合语义翻译与交际翻译，方能确保译文的准确性与简洁性，从而构成最理想的翻译形式。他进一步指出，“文本一旦脱离其目标语言的空间与时间背景，便无法实现完全的对等效应”。

语义翻译与交际翻译虽有所区别，但也存在紧密联系。二者的主要差异在于：语义翻译以原作者为中心，高度重视译文的准确性；而交际翻译则以目标语读者为中心，侧重于译文读者的接受程度。同时，二者均建立在对翻译认知的基础上，是对认知翻译理论的修正与完善，均须忠实反映原文的思想内容，并遵循目标语言的语法结构与特定文体特征。纽马克亦指出，所有翻译在某种程度上都是语义翻译与交际翻译的结合，只是侧重点有所不同。在翻译同一作品时，二者往往相互补充、相辅相成，以追求最佳的翻译效果。

散文翻译不同于一般文本翻译，需要给读者带来“美”的感受。按照纽马克的文本理论，散文属于表达性文本，为了使原文本的内容、意境在译文中得到忠实的表达和还原，译者应在词语和句法允许的前提下

① 蔡萍．纽马克翻译理论浅析[J]．电子科技大学学报（社科版），2009（3）：78-81．

采用语义翻译。[①]

但是散文包含着交际目的，需要表达原作者的感情。当原作中的形象语言不能在译文中再现时，就不能过度拘泥于原文甚至生搬硬套。交际翻译能将文本的实际含义巧妙地译出，表达通顺自然。翻译散文时采用语义翻译和交际翻译相结合的方法，能够大大提高其翻译质量。

（2）翻译美学理论

在20世纪初期，朱光潜先生巧妙地将美学研究与美学翻译相互融合，他不仅致力于翻译西方美学经典著作，还深入研究了其中的美学思想。在此过程中，朱光潜先生深刻揭示了美学在翻译过程中的重要作用，并积极探索了美学与翻译学之间的学科融合，以科学的方式深入剖析了翻译美学的艺术表达，为中国美学的发展带来了深远且持久的影响。

刘宓庆教授于2005年推出了《翻译美学导论》一书，旨在从理论层面对实现语际交流、传情达意进行深入的探讨。在著作中，刘宓庆教授系统研究了源语言文本与目的语文本、译者以及目的语读者在翻译过程中如何实现美学再现的作用。此外，他还将翻译审美意识、标准及再现方式纳入翻译美学的研究范畴，以丰富翻译美学的理论内涵。

刘宓庆教授强调，要根植于中国本土文化的深厚底蕴，充分汲取中国古典文艺美学思想的精髓，并深入探究这一美学思想对翻译实践产生的深远影响。同时，他还以针对性和相关性为导向，进一步学习借鉴西方优秀的美学理论成果，为中国翻译美学理论的发展贡献智慧和力量。

在《文体与翻译》一书中，刘宓庆教授明确指出："文学翻译的核心正是美学，美学在翻译中体现得越自然流畅，文学翻译的准确性才能得以保障。"他强调，译者的审美能力在文学翻译中至关重要，只有具备较高的审美能力，才能将原作的语言美以目标语的形式精准呈现，从而再现文学作品的美感。

2. 小说翻译理论

（1）语义翻译和交际翻译理论

这一理论观点在前文已有具体说明，此处不再赘述。小说和散文一

① 周雪晨．翻译美学视角下看张培基的《中国现代散文选》：以冰心散文为例[J]．短篇小说（原创版），2018（9Z）：7-8，27.

样，都是表达性文本，既要使原文本的内容、意境在译文中得到忠实的表达和还原，又包含着交际目的，需要表达原作者的感情，故在翻译过程中，就需要采用语义翻译和交际翻译相结合的方法，二者相辅相成，达到最佳翻译效果。

（2）关联理论

关联理论于1986年由斯珀泊和威尔逊首次作为语用学理论提出，用于阐述人类的交际与认知。1990年，格特将关联理论和翻译研究相融合，并在其博士论文中提出了关联翻译理论。这一理论的提出为翻译活动的研究提供了科学系统的理论框架。尤其在小说翻译中，关联理论提供了一种新的视角和方法，帮助译者更好地理解和传达原文的深层含义。

在小说翻译中，关联理论强调译者需要根据读者的认知环境和期待进行翻译，确保译文能够在读者的认知结构中产生足够的关联性，从而实现有效的交际。这就要求译者不仅要关注原文的字面意义，更要深入挖掘其背后的文化内涵和语境信息，以便在译文中准确传达这些含义。

此外，关联理论还强调翻译过程中的动态性和创造性。由于小说具有丰富的人物形象、复杂的情节发展和深邃的主题思想，译者在翻译过程中需要灵活运用各种翻译策略和技巧，以确保译文在保持原文风格的基础上，能够符合目标语读者的阅读习惯和审美需求。

在实际操作中，译者可以通过对原文进行深入分析，找出其中的关键信息和核心意义，然后根据目标语读者的认知环境，选择适当的词汇和句式进行表达。同时，译者还需要关注译文的连贯性和逻辑性，确保译文在整体上呈现出一种和谐、统一的效果。

（二）散文小说翻译的原则与策略

1. 散文小说翻译的原则

（1）散文翻译的原则

首先，保持原文的韵味与意境。散文往往以简洁而富有深意的笔触，勾勒出作者的情感世界与对世界的独特见解。因此，在翻译过程中，译者不仅要确保语言的准确性，更要力求传达出原文的韵味，使读者在阅读译文时能够感受到原文的魅力。

其次,尊重原文的风格与特色。不同的散文作品,其风格各异,有的细腻温婉,有的豪放不羁。在翻译时,译者应仔细揣摩原文的风格特点,并在译文中加以体现,以保持原文的整体风貌。

再次,注重信息的完整性与连贯性。散文虽以抒情为主,但其中也包含丰富的信息与观点。在翻译过程中,译者要确保译文能够完整地传达出原文的信息,并保持信息的连贯性,使读者能够轻松理解并欣赏译文。

最后,注重语言的精练与优美。散文的语言往往富有诗意,给人以美的享受。在翻译时,译者应尽量使用精练而优美的语言,使译文既忠实于原文,又具有自身的艺术价值。

(2)小说翻译的原则

在翻译小说的过程中,译者需要遵循一些基本原则,以确保译文既能忠实于原文,又能满足目标语言读者的阅读需求。以下是一些关键的翻译原则:

首先,准确性原则。这是翻译工作的基础,尤其对于小说这种文学体裁而言。译者必须准确理解原文的含义,确保每个词汇、句子和段落都得到精确表达。这包括捕捉原文中的细节、情感和主题,以及理解作者的写作风格和意图。

其次,可读性原则。翻译小说的目的之一是为读者提供愉悦的阅读体验。因此,译文必须流畅、自然,符合目标语言的表达习惯。译者应避免生硬的翻译和机械的对等,而应根据目标语言的文化背景和读者的阅读习惯进行适当的调整。

再次,保持风格一致性原则。在翻译过程中,译者应尽量保持原文的风格和特色,同时确保译文在整体风格上保持一致。这有助于保留小说的艺术魅力和作者的独特声音,使译文在传达原文内容的同时,也能传递出原文的情感和韵味。

最后,尊重文化差异原则。小说作为文化产品,往往承载着丰富的文化内涵和特色。在翻译过程中,译者需要尊重不同文化之间的差异,避免对原文进行文化误读或误解。同时,译者还应适当介绍原文中的文化背景知识,帮助目标语言读者更好地理解和欣赏原著。

2. 散文小说翻译的策略

（1）散文翻译的策略

①直译法。直译法作为一种翻译技巧，始终在翻译领域占据着重要的地位。它不仅尊重原文的语言形式，更在最大程度上保留原文的文化内涵和风格特色。在散文作品的翻译中，直译法能够凸显原文的诗意和韵味，使读者在阅读译文时仿佛置身于原作的语言环境中。例如：

原文：说到了牵牛花，我以为以蓝色或白色者为佳，紫黑色次之，淡红色最下……

（《故都的秋》郁达夫）

译文：As to morning glories, I like their blue or white flowers best, dark purple ones second best, and pink ones third best...

（张培基 译）

在原文中，“蓝色或白色者为佳”这一表述凸显了作者对于冷色调的偏好。作者借由这一色彩选择，意图向读者描绘故都之秋特有的清冷与凄凉景象。这一色彩意象不仅与故都秋景的特点相吻合，更与作者当时悲凉萧索的内心情感状态相契合，从而深刻揭示了作者郁郁寡欢、沉闷苦涩的情感内涵。在英语语言文化中，冷色调同样承载着与中文相似的意象效果，因此在译文中采用了直译法，既保持了原文中萧瑟的意象，又成功传递了原文的“意美”。

②意译法。意译法不仅仅是一种翻译技巧，更是一种艺术表现方式。它要求译者在保持原文精神的基础上，灵活运用语言，使译文更加贴近读者的阅读习惯，更能够引起读者的共鸣。在采用意译法翻译散文时，译者需要深入了解原文的背景和作者的意图，确保在翻译过程中能够准确把握其精神。例如：

原文：从槐树叶底，朝东细数着一丝一丝漏下来的日光，或在破壁腰中，静对着像喇叭似的牵牛花（朝荣）的蓝朵，自然而然地也能感觉到十分的秋意……

（《故都的秋》郁达夫）

译文：Turn eastward under locust trees to closely observe streaks of sunlight filtering through their foliage...

（张培基 译）

“一丝一丝”这一四字结构，形式工整且韵律和谐，恰如其分地描绘了阳光透过树叶间隙所呈现出的细腻形态，使读者能够立刻在脑海中勾勒出叶影摇曳、阳光柔和的生动画面。然而，在英译过程中，既要确保准确传达原文的深刻含义，又要保持其音韵之美，实非易事。张培基先生巧妙地运用了英文中常见的押头韵手法，使译文既体现了英语的音乐美与形式美，又实现了声情并茂，从而最大限度地让目标语读者能够领略到原文的艺术魅力。

③增译法。增译策略即指增加在原文字面未出现但却为其上下文语境所包含的词语[①]。

原文：作为一个中国人，经书不可不读。我年过三十才知道读书自修的重要。

（《时间即生命》梁实秋）

译文：The reading of Chinese classics is a must for all Chinese. But it was not until I was over 30 that I came to realize the importance of self-study in the matter of classics.

（张培基 译）

张培基先生将“读书自修的重要”译为“the importance of self-study in the matter of classics”。其中，原句中并无对应“in the matter of classics”的成分，属于译者自主添加的成分。译者在译注中这样写道：“该句中的‘读书’，根据上下文理解来看应该是指‘读经书’”。

（2）小说翻译的策略

① 归化策略。归化策略以目的语言翻译为重点，不过分拘泥于原文本的语言形式，而是从目的语言的角度来充分解读小说文本在语义上的表达和在形式上的再现。

① 杨晓燕．英译汉中增译法的运用解析[J]．新一代（理论版），2011（1）：234-235.

原文：这个男孩，姑姑指着格子里一个眯缝着小眼睛、咧着嘴傻笑的泥娃娃，这个小子，原本应该于1983年2月在吴家桥吴军宝和周爱花家降生，被姑姑毁了，现在好了。这小子洪福齐天，降生到青州府一个官宦之家。

（《蛙》莫言）

译文：This boy, Gugu said as she pointed to a laughing doll with eyes reduced to a squint, should have been born to Wu Junbao and Zhou Aihua of Wu Family Bridge in February 1983, but I destroyed him. Now everything is fine. The little imp is flooded with good luck, reborn into the family of an official in Qingzhou Prefecture.

（葛浩文 译）

“府”是旧时中国行政区域名，等级在县和省之间。如若直接采用异化的方式译为拼音“Fu”，译文读者往往不知所云。葛浩文译文中采用功能对等的方式，借用法国、日本以及罗马帝国类似的行政管辖或司法管辖区域概念，将之译为“prefecture”。

② 异化策略。异化与归化相对，坚持以小说原文本为出发点和落脚点，翻译过程中在语言形式的处理上尽可能地选择和原著语言相近的策略来贴近其语意和内容。

原文：一进门就是锅灶，锅灶后是一堵二尺高的间壁墙，墙后就是土炕。

（《蛙》莫言）

译文：The first thing you encountered after entering was the stove, which was backed by a two-foot-high wall. The sleeping platform, the kang, was behind that low wall.

（葛浩文 译）

小说文本《蛙》中的“土炕”是中国北方农村常见的用土坯或者砖块堆砌而成的用于夜间睡觉或日常活动休息的长方台。不同于南方地区的“床”，北方“土炕”下面铺有连通烟囱的孔道，可以烧火取暖，因此通常具有冬暖夏凉之效。“土炕”作为中国特有的产物，即使对于大部分中国南方人来说都并不熟悉，更不要说对于外国人了。翻译中如采用归化的方法，在国外找不到对应之物，如解释说明，又显得较为累赘，破坏语言的整体性。因此，葛浩文在译文中直接采用了异化的翻译方法，译为“The sleeping platform, the kang”保留了源语言味道和特色，又增加了东方文化的神秘感。

第四节　音乐绘画文化传播与翻译

一、音乐绘画文化

（一）音乐与绘画的定义

音乐和绘画是中国传统文化的重要组成部分。

音乐是反映人类情感的一种艺术，是人类创造出的最有想象力的艺术。不同类型的音乐风格代表了不同的文化背景和审美偏好。从古典音乐到流行音乐，从摇滚乐到爵士乐，每一种音乐风格都有自己独特的特点和表现手法。音乐作为传统文化的一种很重要的表现形式，承载着传统文化的历史、情感和价值观念。

中国画，简称“国画”，是我国的传统绘画形式，是用毛笔蘸水、墨、彩作画于绢或纸上。中国画是具有悠久历史和优良传统的中华民族传统绘画，凝聚着中华民族的智慧、性格、心理、气质，以其鲜明的特色和风格在世界画苑中独具体系，被视为文人墨客抒情言志的手段，也是他们表达内心世界的一种方式。中国画作为中华文明根脉体系和中华优秀传统文化参天大树的“花朵”，蕴含着丰富的中华人文特质与审美意涵。

中国传统音乐、绘画，起源于古代中国，历经数千年的发展与传承，成为中华民族独特的文化符号和精神象征。音乐和绘画不仅仅是两种艺术表现形式，更是生活哲学和人生智慧的体现，强调内在修养和人文精神，追求和谐、平衡与美感，体现了中华民族对自然、社会和人生的深刻理解。这两种艺术形式相互独立又相互关联,共同构成了中国传统文化的丰富内涵和独特魅力。

在现代社会中,音乐和绘画仍然具有重要的价值和意义,它不仅能够体现人们的审美能力和创造力,还能够提高人们的思维能力和决策能力。同时,音乐和绘画也是中华文化传承和发展的重要载体,对于弘扬中华优秀传统文化、促进文化交流和互鉴具有重要意义。

(二)音乐与绘画的特征

音乐和绘画,是中国传统文化中独具魅力的两种表现形式,不仅体现了中国人的审美情趣和人文精神,也反映了中华民族深厚的历史文化底蕴。

中国传统音乐和绘画具有深厚的历史积淀。作为中国传统文化的重要组成部分,这两种艺术形式可以追溯到数千年前。在这个漫长的历史进程中,中国传统音乐和绘画不断发展和完善,形成独特的艺术风格和审美体系,不仅承载了古代文人的智慧和情感,也传递了中华民族的历史记忆和文化传统。

中国传统音乐和绘画注重精神内涵的表达,都蕴含着深刻的思想内涵和人文精神。音乐、绘画等多种形式表达了中国人对自然、人生、社会的感悟和理解。这些作品不仅具有艺术价值,更具有思想启示和文化传承的意义。

中国传统音乐和绘画具有独特的审美特征。中国国画作品在构图、色彩、线条等方面都有着独特的要求和规范,形成了独特的审美标准。它们注重表现对象的神韵和气韵生动,追求形神兼备的艺术效果。同时,中国传统音乐和绘画还强调情感表达和情感共鸣,能够引起观众的情感共鸣和审美体验。

中国传统音乐和绘画具有广泛的社会影响力,它们不仅是中国传统文化的重要代表,也是世界文化宝库中的瑰宝。在现代社会中,音乐和绘画不仅为人们提供了丰富的艺术享受和审美体验,更成为促进文化交流和文化自信的重要载体。

（三）音乐与绘画的分类

中国传统音乐和绘画历史悠久，自古以来就是文人墨客修身养性、陶冶情操的重要方式，它们各自有着独特的魅力和深厚的内涵。

1. 中国传统音乐分类

中国传统音乐的分类和特点是一个复杂而丰富的话题。以下是中国传统音乐分类。

（1）民间音乐：这是中国传统音乐中最基础、最广泛的部分，包括各种民间歌曲、舞蹈音乐、戏曲音乐等。民间音乐具有鲜明的地域性和民族性，反映了不同地区、不同民族的生活习俗和审美观念。

（2）宫廷音乐：宫廷音乐是指古代宫廷中演奏的音乐，包括祭祀、宴请、朝拜等场合的音乐。宫廷音乐通常具有庄重、典雅的特点，反映了古代宫廷的礼仪和文化。

（3）宗教音乐：宗教音乐是指佛教、道教等宗教仪式中演奏的音乐。宗教音乐通常具有神秘、庄重的特点，反映了宗教信仰的精神内涵。

（4）文人音乐：文人音乐是指古代文人创作和演奏的音乐，包括琴曲、诗词歌曲等。文人音乐通常具有高雅、清新、意境深远的特点，反映了古代文人的审美追求和文化修养。

2. 绘画分类

中国画追求的是“写意”，即通过笔墨的晕染来表现自然景物和人物形象的神韵。中国绘画根据不同的分类标准，可以分为以下几类。

（1）按题材分类，可以分为人物画、山水画和花鸟画。

（2）按技法表现分类，可以分为工笔画和写意画。

（3）按使用材料和形式分类，可以分为水墨画和设色画，或者纸本画和绢本画。

（4）按画面尺幅的形制分类，可以分为长卷、条幅、册页、小品扇面。

（5）按作品创作的年代分类，可以分为古画、新画、近代画、现代画。

（四）音乐与绘画的功能

音乐与绘画是中国传统文化的重要组成部分，它不仅体现了中国古代文人雅士的精神追求，还承载了深厚的历史文化内涵。在现代社会，音乐与绘画依然发挥着其独特的功能。

音乐与绘画具有陶冶性情的功能。作为艺术表现形式，通过音乐、绘画等艺术手段，能够唤起人们内心的情感共鸣，培养人们的审美能力和创造力。人们在聆听音乐和欣赏画作的过程中，可以感受到艺术的魅力，从而调节情绪、释放压力，提升自己的文化修养。

音乐与绘画还具有传承历史文化的功能。音乐和绘画作品往往蕴含了丰富的历史元素和文化内涵，通过对这些作品的欣赏和学习，可以让人们更加深入地了解中国传统文化，理解古代文人的生活态度和审美观念。这种文化的传承有助于增强民族认同感和文化自信，对于弘扬中华文化、促进文化多样性和世界文化交流具有重要意义。

音乐与绘画还具有促进身心健康的功能。通过弹奏、聆听音乐，练习、观赏绘画，人们可以锻炼手眼协调能力、提升注意力和专注力，培养耐心和毅力，还能够增强人际交往和沟通合作的能力，对于促进个体全面发展和构建和谐社会具有积极作用。

音乐与绘画在现代社会中仍然发挥着陶冶性情、传承历史文化、促进身心健康等多重功能。我们应该积极推广和传承这一优秀的传统文化，让更多的人了解和欣赏音乐和绘画的魅力，共同推动文化繁荣和社会进步。

二、音乐与绘画文化翻译

（一）音乐与绘画翻译理论——符际翻译理论

符际翻译概念出现较晚，最早由雅各布森（Jackobson）于1959年在论文《论翻译的语言学问题》（*On Linguistic Aspects of Translation*）中正式提出。雅各布森提出了其“三分法”的翻译观，其中“符际翻译

(或称嬗变)是指通过非语言符号系统内的符号对语言符号进行阐释"[1]。雅各布森的翻译观将翻译学与符号学联系起来,认为语言系统中词句的意蕴兼具语言学与符号学表征,而翻译涉及不同符号系统之间对等信息的转换。换言之,翻译的过程是将一种符号系统中传递的信息等值转换到另一种符号系统中的过程,而这种等值转换涉及同一语言系统内转换(语内翻译)、不同语言系统间转换(语际翻译)、语言和非语言系统间转换(符际翻译)。符际翻译理论作为一种跨学科的翻译理念,旨在通过非语言符号系统解释语言符号,或用语言符号解释非语言符号。

科学技术的变革推动了社会生产方式的变革,数字化、信息化、后现代化成了当今人们社会生活的重要特征,人类已然迈入"读图时代"。面临互联网时代大量涌现的图像符号,传统意义上的语内翻译和语际翻译已不能够满足当今时代翻译的需求。而符际翻译"从文化传播和多维互动交际意义上来说,运用面更加宽泛且更具实效"。"读图时代"的到来拓宽了语言素养(literacy)这一概念的范畴,将其从传统的狭义的语言系统内的识字读写能力延拓至广义的多模态的符号识读能力,图像、音乐等要素也可被纳入视听符号系统,自成一套"语言"。文字、图像、音乐、视像等不同符号在意义和结构上的重组,可在一定程度上弥补语言转换中的指代性缺失,为阐释中国文化中特有的中国智慧与中国理念提供丰富充分的场域空间。目前,符际翻译的实证研究领域主要涉及诗歌翻译、美术翻译、跨文化图像翻译、敦煌莫高窟研究、典籍翻译、文学翻译、广告翻译、歌曲翻译、信息领域翻译、服装简介翻译、菜名翻译等诸多方面。

符际翻译理论在通过音乐与绘画这两种艺术形式来传递中国传统文化,对中国传统音乐与绘画作品翻译方面发挥着举足轻重的作用。符际翻译不仅能够帮助人们更深入地理解这些艺术形式所蕴含的文化内涵,还能够推动这些艺术形式在不同文化间的交流与传播。

音乐的旋律、节奏和音色等非语言符号,可以传递和表达中国传统文化的丰富内涵;线条、色彩、构图等非语言符号,可以传递中国传统绘画艺术"水墨丹青"所表达的文化内涵和审美情感。听觉非语言符号和视觉非语言符号系统内的符号在不知不觉中对中国语言符号进行了完

① Jakobson, R. On Linguistic Aspects of Translation [A]. Brower, R. A. (ed.). On Translation [C]. Cambridge: Harvard University Press, 195: 233.

美阐释,实现了符际翻译。这种翻译方式超越了语言的限制,使不同文化背景的人们都能通过音乐和绘画这两种共同的语言,感受到音乐与绘画所蕴含的美与力量,感受到中国语言文字所无法表达的文化内涵与醇厚魅力。同时,这种翻译方式能够更好地促进跨文化交流。

(二)符际翻译视角下音乐与绘画翻译

音乐与绘画,是中国古代文化的瑰宝,体现了中华民族的深厚文化底蕴和独特的审美观念。这两种艺术形式各具特色又相互交融,共同构成了中国传统文化的独特魅力。在全球化的大背景下,如何运用这些非语言符号系统阐释中国语言符号,体现中国传统文化元素,传播中国传统文化,促进中外文化交流,是翻译人员需要引起足够重视的一个课题。

1. 音乐与绘画翻译的原则

符际翻译视角下,音乐与绘画翻译所面临的个体情况虽然各有不同,但在实践中依然可以归纳出普遍遵循的原则,简单概括为民族性原则、简洁性原则和信息性原则。

(1)民族性原则,指在中国音乐与绘画作品简介英译中,具有鲜明民族特征和典型民族属性的语项,如古琴、笛箫、琵琶、二胡等传统乐器的造型与演奏发出的声音的完美融合,如印章、中国文人特有的字、号、别号、中国古典诗歌作为款识与画面意境的结合等,无一不体现了跨文化符际翻译中的民族特性。在翻译过程中,要尽量维持原作的风貌,尽可能地向听者、观者、读者展现中国音乐与绘画作品中特有的民族韵味。如此异化的翻译过程,可能给听者、观者、读者带来一种异域风情,也为中国音乐与绘画作品的欣赏和品味营造了一种神秘的气氛,更加增添了品鉴的乐趣。

(2)简洁性原则,是指在跨文化符际翻译中,冗长累赘的解释和大篇幅的说明阐述虽然能够增进听者、观者、读者对中国传统音乐与绘画作品的理解,但有悖于翻译基本原则中的"信"的原则。比如,原画作中空灵幽静的画面,点缀以寥寥数语的题诗,如果辅之以大篇章的英文阐述,不仅与原作的意境相左,有强烈的违和感,还存在无法"回译"的问题。

（3）信息性原则，指在符际翻译过程中准确地传递出原作的精粹和核心信息是十分关键的。这一原则在实践中与简洁性原则是相互制衡的，这也对译者提出了较高的要求，既要做到准确传达重要的信息，又不能过于累赘拖沓。

总而言之，最佳的结合点就是“言简意赅”。为达到这一标准，译者一方面要提升自己在音乐与绘画方面的专业知识，能够全方位透彻地理解中国传统音乐与绘画作品的含义，另一方面还要具备深厚的外语语言功底，能够找到合适的对应词语来表达原作的意思。

2. 音乐与绘画作品之选择策略

通过音乐与绘画非语言符号阐释中国语言符号，传递中国文化，译者在音乐与绘画作品的选择方面需要格外重视。

音乐作为一种非语言符号，在文化传承与传播方面，承载着与语言符号一样的使命。符际翻译视角下，能够阐释语言符号，传递中国文化的是用古琴、竹笛、古筝、扬琴、二胡、琵琶这样的中国传统乐器以独奏、合奏形式演奏的中国传统民族音乐。这些传统乐器所演奏的音乐品种在发展中不断嬗变，以新的形式流传下来，被赋予新的时代特征和社会功能，依旧保持着早期特征，以活态形式世代流传，在中华大地上展现和传承了中华传统民族音乐特别是汉族音乐的文化基因。比如，古琴音乐历经历史长河的洗礼至今仍保持不变，并成为中华音乐文化最具代表性的音乐品种之一。因极具中国特色，当代中外音乐学家们一直试图揭示古琴音乐中隐含的中华传统文化密码或文化基因。

绘画形式语言是艺术家的思想情感转化为具体表达方式的一座桥梁，它可以被视为一种视觉符号。中国画是融诗、书、画、印为一体的综合性艺术，是我国独特的绘画艺术传统，成为汉民族文化传统的表征，是一种重要的视觉符号。绘画，作为一种“象征语言”，或隐晦，或直白，或含蓄地表达着艺术家赋予画面之中的深刻寓意，但这一深刻寓意却往往并不能为大多数人所领会。译者在翻译绘画作品时，更需要清楚符际翻译的适用性，合理运用符际翻译，帮助外国人欣赏者在欣赏、阅读这样的作品时，能够发现这些通过象征符号传达出的信息。

3. 音乐与绘画作品之“符际翻译”

音乐、绘画从来不仅仅是一种语言，在全球范围内，音乐、绘画已成为文化的象征和沟通的媒介。中国传统音乐与绘画作品简介信息性非常强，其主要功能是为欣赏者提供所展示画作的各种信息，使欣赏者识别、理解其包含的各种元素，更好地欣赏作品。在对这些作品简介进行翻译时，翻译人员需要在符际翻译理论指导下，运用音乐与绘画非语言符号阐释中国语言符号，实现传承与传播中国传统文化，促进跨文化交流。译者不仅需要对音乐、绘画本身有深入的理解，还需要理解音乐、绘画蕴含的文化背景、中外语言差异等方面。

符际翻译视角下，中国传统音乐与绘画作品翻译过程中，首先，译者有意识地从音频、图像文本中寻找并发现构成音乐与画面的各种潜藏的符号线索；其次，译者结合文字文本和所查阅相关背景资料，探索这些非语言符号所代表的象征意义；最后，译者进一步将这些象征意义，即象征语言，翻译成符合语境的目标语。

（1）音乐作品之“符际翻译”

中国民族音乐，包括配有民族音乐的歌曲视频都是在不知不觉中对中国语言符号进行了完美阐释，实现了符际翻译。比如，由周杰伦创作并演唱的《青花瓷》，歌词中融入了大量的中国传统文化元素，如青花瓷、江南水乡、书法、墨画等，展现了中国传统文化的韵味和美感；毛阿敏演唱的歌曲《墨梅》以墨梅为引子，歌颂了坚韧不拔、傲然独立的精神，传达了中国传统文化中的坚韧和傲骨。

再如，短视频博主李子柒的短视频中，背景音乐均为无人声无歌词的纯音乐，音乐演奏运用了多种中国古典乐器，曲调舒缓，空灵出尘，令人身心放松。人物的絮语声、嬉笑声，自然界中的风吹叶落、草木摩挲、流水潺潺等声响，日出日落时分的鸡鸣犬吠声，增强了观众身临其境的现场感，共同交织成一幅日出而作、日落而息、人人怡然自得的乡村生活图景。音乐作为一种辅助符号，完美地传递了视频画面所表达的中国传统文化。李子柒的短视频大量使用非语言符号，以听觉和视觉方式传达象征的文化意义，较少使用语言符号，减少了跨文化传播中因语言不通导致的文化理解障碍。

（2）绘画作品之“符际翻译”

中国绘画，自古以来便以其独特的艺术风格和深厚的文化内涵而闻名于世，潜移默化中诠释着中国语言符号，润物无声中进行着符际翻译。例如，魏晋画家顾恺之（348—406）根据曹植著名的《洛神赋》而作的《洛神赋图》，画卷很好地传达了原赋的思想境界，在画中人们可以清晰地感触到原作所传达的思想。画卷中站在岸边的曹植表情凝滞地望着远方水波上的洛神，流露出倾慕之情。《洛神赋图》被永久镌刻在中国人的记忆之中，升华为不朽的文化符号。

再如，北宋绘画大师张择端画下我们耳熟能详的名作《清明上河图》，描写北宋都城东京市民的生活状况和汴河上店铺林立、市民熙来攘往的热闹场面，描绘了运载东南粮米财货的漕船通过汴河桥涵紧张繁忙的景象。顺着图卷展开的方向，可以看到汴京自城外至城内，桥梁繁多、商铺林立，虽然隔着画面，依然能够听见来自1000年前的喧嚣，还原出那个时代的百姓生活，也昭示着千百年来中国这块土地未曾改变的朴实愿望：安居乐业、民生富足。

译者只有在深刻理解了中国传统音乐的听觉非语言符号、中国绘画的视觉非语言符号背后所表达的文化内涵和象征意义，才能将这些文化内涵与象征意义，即象征语言，翻译成符合语境的目标语言。

第六章　传播视阈下其他各类实用文本外宣翻译

在全球化日益加剧的今天，实用文本的外宣翻译在跨文化交流中发挥着举足轻重的作用。除了之前章节所提及的几种常见文本类型，还有许多其他实用文本同样需要我们进行深入研究和精准翻译。本章将重点探讨传播视阈下其他各类实用文本的外宣翻译策略与技巧，包括旅游、公示语、广告、新闻这四类文本。

第一节　旅游文化传播与翻译

一、旅游文化

（一）旅游文化的定义

旅游文化是一种独特的文化现象，它涵盖了旅游活动中各种文化元素的融合和交流。旅游文化的发展历程可以追溯到古代，随着交通的便利和旅游资源的开发，逐渐成了人们生活中的一部分。在旅游过程中，人们可以欣赏到美丽的自然景观，也可以了解到不同地域、不同民族、不同文化之间的差异和魅力，还可以通过旅游活动促进不同文化间的交流与融合。

旅游文化包含旅游活动中的各种景观和风俗，是一种生活方式和精神追求，更是一种文化传承和发展方式。通过旅游活动，人们可以传承和弘扬本民族的文化，也可以学习和借鉴其他民族的文化，促进文化的多样性和交流。同时,旅游文化也是一种经济发展的方式,它可以带动旅游业和相关产业的发展,为当地经济作出贡献。

在现代社会中,旅游文化已经成为一种全球性的文化现象。随着旅游业的快速发展和全球化的趋势,旅游文化也在不断地发展和创新。

旅游文化是一个国家和地区的独特标志,也是吸引游客的重要因素。旅游文化不仅包括了当地的历史、艺术、建筑等方面,还包括了当地的风俗习惯、民间艺术、民间信仰等方面。在旅游中,游客可以通过参观博物馆、古迹、民间艺术表演等方式,深入了解当地的文化背景和传统。

中国是一个拥有悠久历史和丰富文化的国家,旅游文化在中国有着悠久的历史和丰富的内涵。中国的旅游资源非常丰富,包括长城、故宫、颐和园、黄山、九寨沟、张家界、西藏等众多著名景点,形成了丰富的中国旅游文化。

(二)旅游文化的特征

旅游文化作为一种独特的社会文化现象,其特征表现在地域性、历史性、交流性、体验性等多个方面。

1. 地域性

由于地理位置、自然环境和历史背景的差异,不同地区的旅游文化呈现出不同的风貌和特色。地域性不仅体现在景观的多样性上,更体现在当地的风俗习惯、饮食文化、艺术表现等方面,使旅游者在游览过程中能够深刻感受到不同地域的独特魅力。

2. 历史性

旅游往往与历史文化紧密相连,许多旅游胜地都承载着丰富的历史记忆和文化传承。旅游者通过参观古迹、博物馆等场所,可以了解当地的历史变迁和文化发展,从而加深对旅游目的地的理解和认识。

3. 交流性

旅游活动本身就是一种跨文化交流的过程,不同地域、不同文化背景的人们在旅游过程中相互接触、相互了解,促进了文化的传播和交流。这种交流性不仅有助于推动旅游业的繁荣发展,也有助于促进不同文化之间的理解和尊重。

4. 体验性

旅游不仅是一种观光活动,更是一种生活体验。旅游者通过参与当地的旅游活动,可以亲身感受当地的生活方式、文化氛围和自然环境,从而获得独特的旅游体验。体验性使旅游文化具有更强的吸引力和感染力,能够吸引更多的旅游者前来体验和探索。

旅游文化的这些特征共同构成了旅游文化的丰富内涵和独特魅力,使旅游业成为一种深受人们喜爱的文化体验活动。

(三)旅游文化的分类

旅游文化作为一个丰富多彩、内涵深厚的领域,涵盖了多个维度和层面。在对其进行分类时,可以从不同的角度出发,以揭示其独特的魅力和价值。

从地域文化的角度来看,旅游文化可分为国内旅游文化和国际旅游文化。国内旅游文化反映了中国各地的风土人情、历史传统和民族特色,是旅游者了解和体验中华文化的重要途径。国际旅游文化则涵盖了世界各地的文化风貌,使旅游者在跨国旅行中领略到不同文化的魅力。

从旅游活动类型的角度来看,旅游文化可分为观光旅游文化、休闲度假旅游文化、文化旅游文化等。观光旅游文化注重自然风光的欣赏和人文景观的游览,强调视觉上的享受;休闲度假旅游文化则强调身心的放松和愉悦,追求舒适度和品质感;文化旅游文化注重历史文化的挖掘和传承,强调文化体验和精神层面的满足。

从旅游产业发展的角度来看,旅游文化还可分为旅游服务文化、旅游商品文化等。旅游服务文化涵盖了旅游接待、导游服务、酒店管理等方面的文化元素,体现了旅游业的服务水平和专业素养;旅游商品文化则涉及旅游纪念品、特色手工艺品等商品的设计、生产和销售,反映了旅游目的地的文化特色和经济价值。

(四)旅游文化的功能

在现代社会中,旅游文化的功能日益凸显,它不仅丰富了人们的生活,也促进了文化的交流与传播。

首先,旅游文化具有娱乐休闲的功能。随着人们生活水平的提高,越来越多的人开始追求更高层次的精神享受。旅游作为一种娱乐休闲方式,可以让人们在繁忙的工作之余,放松身心,享受生活的美好。在旅游过程中,人们可以欣赏到美丽的自然风景,体验到不同的风土人情,感受到文化的魅力,从而得到精神上的满足和愉悦。

其次,旅游文化具有文化传承的功能。旅游不仅是一种个人行为,更是一种社会现象。在旅游过程中,人们会接触到各种各样的文化元素,包括历史遗迹、民俗风情、传统手工艺等。文化元素是当地人民长期以来形成的文化遗产,通过旅游的方式,文化得以传承和发扬。同时,旅游也促进了不同文化之间的交流与融合,使各种文化在相互碰撞中不断发展和创新。

最后,旅游文化还具有经济发展的功能。旅游业已成为当今世界经济发展的重要支柱之一。通过发展旅游业,可以带动相关产业的发展,创造更多的就业机会,提高当地人民的生活水平。同时,旅游业的发展也可以推动基础设施建设、环境保护等方面的改善,为当地社会经济的可持续发展提供有力支持。

二、旅游文化翻译

（一）旅游文化的翻译理论

1. 阐释翻译学

19 世纪上半叶，德国哲学家施莱尔马赫（Friedrich Schleiermacher）最先提出并发展了阐释学，并将其引入翻译理论研究。20 世纪下半叶，美国著名翻译理论家乔治·斯坦纳（George Steiner）将阐释学的理解观与翻译结合起来，提出了“理解即翻译”的观点[①]。斯坦纳的阐释翻译学为翻译提供了指导，提出了信任、侵入、吸收及补偿四步骤，其中信任属译前行为，侵入、吸收和补偿为译中行为。补偿是原文文本被多次侵入后恢复平衡的一个过程，通过补偿，之前打破的平衡得以恢复，从而使译文尽量达到等值翻译。

2. 变译理论

变译理论是黄忠廉先生于 2001 年在其专著《变译理论》中明确提出的具有原创性的全新翻译理论，是从变译实践中概括出来的反映变译本质和规律的科学原理和思想体系，它以变译为其研究对象，研究变译过程的一般特点和规律，寻求总的适于一切变译方法的一般原理和方法。[②]

变译理论扩展了翻译理论的范围，丰富并创造了翻译学的新的理论形态，旨在为早已存在的各种变译方法提供一个完整的理论框架和依据。变译是相对全译而言的，所谓变译，是指译者根据特定条件下特定读者的特殊需求采用增、减、编、述、缩、并、改等变通手段摄取原作有

① 徐玉立，高存．乔治·斯坦纳阐释运作理论中的译者主体性[J]．英语广场，2018（3）：46-47.

② 黄忠廉．变译理论[M]．北京：中国对外翻译出版公司，2001：132-149.

关内容的翻译活动。[①] 变译包括增、减、编、述、缩、并、改七种变通手段以及摘译、编译、译述、缩译、综述、述评、译评、改译、阐译、译写及参译十一种变译方法。[②]

3. 生态翻译学理论

生态翻译学是著名学者胡庚申教授于 2004 年提出的从生态角度研究翻译的跨学科理论，[③] 是一个“翻译即适应与选择”的生态范式和研究领域，[④] 主要强调翻译过程的两个方面——翻译生态环境和译者适应选择。

“生态环境”的概念远远超过了传统的语境概念，它不只是语言环境，更是涵盖了文化、交际、社会等方方面面的原文世界和译者所面对的世界。“翻译生态环境”是指原文、源语和译语所构成的世界，即社会、语言、文化、交际，以及作者、读者和委托者等互联互动的整体，是影响译者最佳适应和优化选择的多种因素的集合。[⑤]

“译者适应选择”主要是以译者为中心并在语言维、文化维和交际维这“三维”所进行的适应选择性活动。语言维的适应性转换即译者在翻译过程中对语言形式的适应性转换；文化维的适应性转换即译者在翻译过程中关注双语文化内涵的传递与阐释；交际维的适应性转换即译者在翻译过程中关注双语交际意图的适应性选择转换。[⑥]

生态翻译学对翻译的本质、过程进行了全新的描述和解释，从而也给译者提供了全新的翻译原则、翻译方法和译文评判标准。译者进行翻译时，需要从“三维”着手，使译文能够达到多维转化的程度。

---

① 黄忠廉 . 变译理论 [M]. 北京：中国对外翻译出版公司，2001：96.

② 黄忠廉 . 变译理论 [M]. 北京：中国对外翻译出版公司，2001：124.

③ Hu，G. engshen. Translation as Adaptation and Selection[J].*Perspectives：Studies in Translatology*，2003 (4)：278-291.

④ 胡庚申 . 翻译适应选择论 [M]. 武汉：湖北教育出版社，2004：41.

⑤ 胡庚申 . 翻译适应选择论 [M]. 武汉：湖北教育出版社，2004：41.

⑥ 胡庚申 . 生态翻译学的研究与理论视角 [J]. 中国翻译，2011 (2)：5-9.

（二）旅游文化翻译的原则与策略

1. 旅游文化的翻译原则

（1）“求同存异”原则

民俗文化具有民族性和地域性，因此在进行民俗文化翻译时就应避免用他国或他乡的民俗进行替换。译者在翻译时应遵循“求同存异”原则，尽量保留原语中的语言与文化信息，绝不能随心所欲进行民俗文化的“移植”。这样民族特色才能在翻译中得以再现，进而促进中西文化的交流。例如，将北方的“炕”音译为“Kang”（A heatable brickbed）既能保留民族和地方特色，也能为目标语读者所接受。

再如，泰州“老行当”剪纸艺术中的“团花”是剪纸艺术中的一种布局格式，用传统婚礼或新年装饰，译为“Tuan Hua”或“the flower patterns created by the paper cutter”都无法表现出民俗特色，不妨将其译为“Tuan Hua, a circular symmetrical paper patterns used for decoration”，这样保留了“团花”的读音，解释了其意思，传达了其文化内涵。

（2）“简洁紧凑”原则

翻译是一种跨文化的交际活动，它不仅仅是一个语言转换的过程，更是一个文化传播、交谈和融会的过程。民俗是说话文化，其传承和沿袭以口头为主。民俗文化其翻译与普通翻译不同，在翻译过程中既要保留民俗文化的典型特征，又要根据目标语读者语言认知的一般原理让其较为轻松。因此，在对旅游资料的民俗文化的英译过程中，还应遵循“简洁紧凑”的原则，尽量以简洁的表述让外国游客理解其中内涵，只有这样才能满足游客的旅游需求，进而激发他们亲身体验异地文化的兴趣。以中国民俗服饰“唐装”为例，目前有这几种翻译：

原文：唐装
译文 1：Dresses of Tang Dynasty
译文 2：Traditional Chinese garments
译文 3：Tang Suit

本书认为以“Tang Suit”为佳,“唐人街”是海外华人的聚居地,外国人对“Tang”并不陌生,将“唐装”译为“Tang Suit”,英美游客不难理解其指的是中华民族传统服饰,这种音译兼译法简洁紧凑,可为外国游客接受。

2. 旅游文化的翻译策略

旅游文化翻译若无法准确地为游客提供具有当地特色的旅游景点信息并吸引潜在游客消费旅游资源,实现对外宣传当地旅游文化并创造相应经济效益的目的就不算成功的翻译。因此,旅游文化外宣翻译时,需要在译文中尽可能保留旅游资料中具有当地浓郁特色的元素,使国外游客既被当地优美的自然环境所吸引,又体会到当地悠久的文化积淀和特色。

(1)变译策略

变译理论的变译方法适用于旅游文化翻译。变译方法可以归纳为扩充法(阐译、译评、综述、述评)、缩减法(缩译、译述、编译和摘译)和改换法(改译、译写和参译)三类,旅游文化翻译可视具体情况采用三类方法中的一类或几类,或是某类方法中的一种或几种。

①扩充法。扩充法就是利用增加的途径,增大原文的信息量,增加过于简略或需要阐释、补充、说明的内容,以便译入语读者理解。译者可采用阐译、译评、综述、述评法使原文的“简”扩充成译文适当的“繁”。下面,我们以“阐译”为例说明。

阐译是“阐”与“译”的结合,是在译文中对原作内容直接加以阐释以满足译文读者要求的变译方法,是一种克服由于欠额信息而带来的无效或低效传输的译法。例如,“阿肯弹唱”“麦西莱普”等词语带有浓厚的民族文化内涵,是新疆旅游文化的一部分。按其发音特点的英译处理,虽然体现了译出语所反映的民族文化特色的异质性,却造成跨文化障碍和译入语的不可接受性,令译入语读者为之茫然,此时应采用阐译法补充外国人不懂的背景,即译文前半部分为音译(维吾尔语),后半部分进行阐释。

原文:阿肯

译文:Kazak Aken or a balladeer’s performance

原文：麦西莱普

译文：Maxirap or a kind of entertainment integrating song and dance as well as folk entertainment

“阿肯”是哈萨克族对民间歌手的称谓，他们知识丰富、文思敏捷、即兴弹唱、出口成章，“麦西莱普”是一种维吾尔族将歌舞和民间娱乐融为一体的娱乐形式，将其译为 Kazak Aken or a balladeer's performance，Maxirap or a kind of entertainment integrating song and dance as well as folk entertainment。[①] 阐译法拓展了信息通道，充实了原文内容，既不失真地传输了词的语义，又保留了词的民族色彩，从而达到了宣传新疆旅游文化，使游客掌握新疆旅游资源信息后产生旅游动机的目的。

由此可见，采用扩充法翻译的译文是原文信息的扩展，使原文中“缺场”的信息在译文中“在场”，弥补了文化语义的缺省，使游客读起来饶有兴趣，加深了印象，增进了对旅游景点文化的理解。

②缩减法。汉语旅游资料往往是文字优美，富于感召力的散文语篇，但由于中西审美习惯、思维模式和文化价值观的差异，原文中不少语言和文化信息无须在译文中保留，而需简化和删除，否则译文会显得啰唆重复，生硬晦涩。缩减法包括缩译、译述、摘译和编译，与扩充法和改换法相比，它是旅游文化翻译时使用最广的一类变译方法。以下以摘译为例研究缩减法在新疆旅游文化翻译中的应用。

摘译是根据译者的特定需求选取原文主要内容或译文读者感兴趣的部分内容的变译活动。[②] 摘译方法可以是句中删词 / 词组译、句群中摘句译、段中摘句 / 句群译、篇中摘段译、章中摘节（篇）译、书中摘章译。[③] 旅游资料翻译多采用前四种摘译方法。

例如，以下是关于新疆吐鲁番火焰山景区的文字介绍。

原文：在这光秃秃的火焰山中，有一些深藏的峡谷沟壑，环抱着溪流，孕育着绿色。比如著名的葡萄沟、桃儿沟、木头沟、吐峪沟、胜金口，连木沁等等。这些沟里，涧溪回绕，泉水淙淙，林木葱茏，浓荫蔽日。就在这些沟谷深处，保存着寺院庐舍的

① 谢旭升．新疆旅游资料之我见[J]．语言与翻译，1997（4）：52.

② 黄忠廉．变译理论[M]．北京：中国对外翻译出版公司，2001：125.

③ 黄忠廉．变译理论[M]．北京：中国对外翻译出版公司，2001：125-127.

废墟，石窟壁画的遗迹，佛教信徒修炼坐禅的印记，高僧大德烂熟于胸的经卷残片，改朝换代的实录，时局变革的声音。所以说火焰山山不在高，有唐僧则名；火焰山沟不在深，有佛寺则灵。火焰山的文化遗迹、历史文物，当之无愧应该是属于世界一流的。[①]

译文：In the barren Flaming Mountains, there are some small rivers flowing in the deep valleys that grow green plants, such as famous Grape Valley, Peach Valley and so on, in these valleys, small rivers and springs flow, trees are thick. In the deep places of valleys there remains the relics of temples, murals and many remains of Buddhism.

汉语旅游资料中惯用的华丽辞藻和虚化朦胧的表达往往是为了渲染情感气氛或顺应汉语行文习惯的需要，本身并无多大意义，翻译时可省去那些华而不实的“溢美之词”，保持译文的简洁直观。与原文相比，译文采用了句中删词（词组）的摘译方法，“比如著名的葡萄沟、桃儿沟、木头沟、吐峪沟、胜金口，连木沁等等”被译为“such as famous Grape Valley, Peach Valley and so on”。

原文最后三句话“高僧大德烂熟于胸的经卷残片……当之无愧应该是属于世界一流的”虽然语言优美，颇富感染力，对原语读者来说感触颇深，但于译语读者却因缺少相应的文化背景而毫无意义，如果全译，会使译语读者满头雾水，不知所云，所以译者采用段中摘句（句群）的摘译方法将其省去了。通过摘译，删除了译语读者很难理解，也无兴趣了解的内容，使译文言简意赅，主要信息突出，从而迎合了译语读者的审美习惯，顺利达到宣传新疆旅游文化、吸引游客的目的。

③改换法。改换法是指在不损害原文信息和功能的前提下不拘泥于原文文字，对不符合译入语习惯的词句、风格和语序进行调整，从而更好地为译入语读者所接受。改换法包括改译、译写和参译。仅以改译为例探讨改换法在新疆旅游文化英译中的应用。

汉语旅游资料中文化信息丰富，倘若原封不动地照译出来，会给缺乏文化背景知识的国外游客造成理解上的困难，省略又会造成信息的遗

① 黄忠廉．变译理论[M]．北京：中国对外翻译出版公司，2001：32-149.

失，这时可采取一种折中的办法——改译。改译是根据特定要求改变原作形式或部分内容乃至原作风格的一种变译活动。在旅游文化翻译中，改译通常涉及原文文化词语的改译以及原文风格的改译。

旅游资料往往配有精美的图片，可以迅速吸引读者的注意力，使其对景点的亮点有一个直观的印象，增强可视性，激发游客参观游览的兴趣，提高审美直觉性。图片一般有文字说明，内容视具体情况可长可短，翻译这些说明性文字可采用改译。例如：

原文：一枝花
译文：a Uyghur maid

图片上是一位维吾尔族姑娘的倩影，下面配有“一枝花”三字作为说明，如将其译为“a flower”，译文脱离图片就毫无意义，让人茫然。谢先生在不损害原文信息和功能的前提下不拘泥于原文文字，采用改译将其译为“a Uyghur maid”更贴切。[①]

原文：珠房叠翠
译文：airing room hung heavy with pearl-like grapes

另一图片配有“珠房叠翠”四字作为说明，字面意思含糊不清，让人不知所云，当然不能照字面去硬译。事实上，其背景图片是晾晒葡萄干的晾房挂满了一串串珍珠般的小葡萄，因此，谢先生抛开“珠房叠翠”这个词，根据图片意境将其译为“airing room hung heavy with pearl-like grapes”，实际上也是采用了改译。

原文：岁月
译文：signs of age

又比如，图片上是扎着十几根小辫子，身着维吾尔族传统装束的小姑娘的背影特写，其文字说明是“岁月”二字。若将其译为“years”，没有突出图片所体现的新疆民族文化特色，因为依据维吾尔族习俗，女孩

① 谢旭升．图解说明英译谈 [J]. 中国科技翻译，2005（2）：57.

辫子的数量象征着她们的年龄，一根辫子代表一岁，女孩年纪越大，辫子越多。因此，为了便于缺乏维吾尔族文化背景的国外游客理解，谢先生将其译为“signs of age”，也采用了改译。

变译方法是旅游文化翻译的有效途径，它实现了在译文中最大限度地再现旅游资料的功能与目的，使旅游资料翻译免于千篇一律，从而实现对外宣传旅游文化并创造相应经济效益，进行跨文化交流的目的。

（2）补偿策略

阐释翻译学的补偿策略包括脚注和篇末的附录、文中加括号注释、语内直接补偿等。在进行少数民族文化翻译时，译者可采用文中加括号注释补偿，找到原文与译文的平衡点，这样既保证了文化的顺利交流又不损失原文本的信息。在少数民族文化外宣翻译过程中，对于具有浓厚民族文化特色且在目的语中属于意义空缺的词，译者可采用音译加注的补偿策略，即译文以少数民族语言发音为基准，同时添加注释进一步解释该词蕴含的意义，以此实现文化内涵的传播；当直译无法实现文化意义转换时，译者可采用直译加注释的补偿策略对直译内容进行解释。

第二节　公示语文化传播与翻译

一、公示语文化

在现代社会中，公示语的作用越来越重要。无论是商场、医院、学校还是政府机构，公示语都是必不可少的，它们向公众传达了各种重要的信息，包括规定、注意事项、警示、宣传等。这些公示语不仅仅是一种告知，更是一种引导和教育。它们能够引导公众的行为，提高公众的文化素质，促进社会的和谐发展。

公示语文化是一种独特的文化现象，不仅仅是一种传达信息的方式，更是一种文化传承和表达方式，体现了不同地区、不同民族的文化差异，反映了不同文化背景下的价值观念、审美观念和风俗习惯。

（一）公示语文化的定义

公示语文化是一种独特的文化现象，在公共场所、官方文件、广告传媒等各种场合中起着至关重要的作用。公示语文化也体现了不同地区、不同民族的文化差异。在不同地区、不同民族中，公示语的形式、内容和语言风格都有所不同，这些差异反映了不同文化背景下的价值观念、审美观念和风俗习惯。公示语文化不仅仅是一种传达信息的方式，更是一种文化传承和表达方式。公示语是公开面对公众的告示、指示、提示、显示、警示、标示以及与生活、生产、生命、生态休戚相关的文字及图形信息。[①] 在语言学上，公示语是一种特殊的语言现象，它不同于日常交流用语，但又与人们的日常生活紧密相关。从社会学的角度来看，公示语不仅是一种信息传递工具，还体现了社会的文明程度和公共服务水平。

（二）公示语文化的特征

公示语文化的特征主要体现在以下几个方面。

首先，公示语具有鲜明的地域性。不同地区的公示语往往融入了当地的文化元素和特色，反映了当地的风土人情、历史传统和价值取向。这种地域性不仅体现在公示语的词汇选择和表达方式上，还体现在其所传达的文化内涵和象征意义上。因此，公示语在跨文化交流中扮演着重要的角色，有助于增进不同文化之间的理解和交流。

其次，公示语具有广泛的群众性。公示语是面向广大公众的，旨在提供信息、引导行为、传播文化。因此，公示语的语言表达需要通俗易懂、简洁明了，能够被广大公众所理解和接受。同时，公示语还需要考虑不同受众的文化背景和认知水平，以确保信息的有效传达和行为的正确引导。

再次，公示语具有高度的规范性。公示语作为公共信息的载体，需要遵循一定的规范和标准，以确保信息的准确性和权威性。这包括语言表达的规范、信息内容的准确、排版格式的统一等方面。通过遵守这些规范，公示语能够建立起一种信任感，使公众能够依赖并信任其所提供

① 王广源．文旅融合大背景下许昌景区公示语英语翻译的问题及对策[J]．海外英语，2023（21）：32-34.

的信息。

最后,公示语具有强烈的时代性。随着社会的不断发展和进步,公示语也需要不断更新和完善,以适应时代的需求和变化。这包括反映新的社会现象、宣传新的价值观念、推广新的科技应用等方面。通过不断更新和完善,公示语能够保持其活力和生命力,更好地服务于社会和公众。

(三)公示语文化的分类

公示语在我们的日常生活中起着非常重要的作用,以其简洁明了、直观易懂的特点,引导着我们的行为,规范着我们的活动。根据不同的使用场景和目的,公示语可以分为多个类别。

(1)指示性公示语。这类公示语主要用于指示方向、位置或提供信息。例如,在公共场所我们经常看到的"洗手间在此方向""出口"等标识,都是典型的指示性公示语。这类公示语帮助人们快速找到目标地点或获取所需信息,确保活动的顺利进行。

(2)限制性公示语。这类公示语主要用于规范人们的行为,确保公共场所的秩序和安全。例如,"禁止吸烟""请勿触摸展品"等标识,都是限制性公示语。这类公示语通过明确的规定和禁令,引导人们遵守公共规则,保护公共设施和环境。

(3)宣传性公示语。这类公示语主要用于宣传某种理念、价值观或活动,激发人们的兴趣和参与意愿。例如,"节约用水,人人有责""垃圾分类,从我做起"等宣传语,都是宣传性公示语。这类公示语通过积极向上的语言和形象,传递正能量,促进社会进步和发展。

除此之外,还有警告性公示语、服务性公示语等多个类别。无论是哪种类型的公示语,它们都以其独特的方式,在我们的生活中发挥着重要的作用。这类公示语不仅提高了我们的生活质量,也体现了社会的文明程度和进步。

(四)公示语文化的功能

公示语文化的功能不仅体现在信息传递的层面,更在深层次上塑造着城市形象、推动跨文化交流,并促进社会的和谐发展。

首先,公示语文化在塑造城市形象方面发挥着重要作用。一个城市的公示语,如同其名片,展示着城市的文明程度和文化内涵。当游客或外来者置身于陌生的城市,公示语往往是他们最先接触到的城市文化元素。规范、准确、富有特色的公示语,能够给人留下深刻的印象,增强城市的吸引力和美誉度。

其次,公示语文化在推动跨文化交流方面具有重要意义。在全球化的今天,不同文化之间的交流与融合日益频繁。公示语作为跨文化交流的桥梁,其质量和风格直接影响着不同文化背景的个体之间的理解和沟通。通过采用通俗易懂、贴近生活的语言,公示语能够降低文化隔阂,促进不同文化背景下的个体相互理解和尊重。

最后,公示语文化在促进社会和谐与发展方面发挥着积极作用。公示语不仅是信息传递的工具,更是社会规范和价值观的载体。通过倡导文明、和谐、进步的价值观,公示语能够在潜移默化中影响人们的行为和态度,推动社会风气的改善和进步。同时,公示语还能够提醒人们关注社会问题,引导公众参与社会事务,促进社会的民主化和和谐发展。

二、公示语文化翻译

(一)公示语文化翻译的理论

在翻译学领域,公示语文化翻译占据着举足轻重的地位。公示语作为一种特殊的语言形式,具有独特的文化内涵和社会功能,因此在翻译过程中需要充分考虑其文化特性和语境因素。为了实现公示语文化翻译的准确性、可接受性和有效性,需要依据一系列的理论依据来进行指导。

1. 对等理论

对等理论是公示语文化翻译中不可忽视的理论基础。对等理论主张译文应尽可能与原文在语义、风格和文化等方面保持一致,以保证信息的完整性和准确性。在公示语翻译中,译者需要深入理解原文的文化内涵,采用适当的翻译技巧,确保译文能够准确传达原文的意图和含义。例如,在翻译一些具有地域特色的公示语时,译者需要充分考虑到目标读者的文化背景和认知习惯,避免产生误解或歧义。

2. 翻译目的论

翻译目的论是公示语文化翻译的重要理论依据。翻译的目的论强调翻译的目的和效果,即译文应满足目标读者的需求和期望。在公示语翻译中,译者需要根据具体的语境和目的,选择合适的翻译策略和技巧。例如,在旅游景点公示语的翻译中,译者需要考虑到游客的游览需求和审美习惯,使译文既能够传达景点的特色,又能够吸引游客的兴趣。

3. 交际翻译理论

交际翻译理论可用于指导公示语文化翻译。交际翻译的目的是"努力使译文对目的语读者所产生的效果与原文对源语读者所产生的效果相同",根据目的语的语言、文化和语用方式传递信息,并不是简单地复制。根据交际翻译理论,译者在翻译时能相对自由地解释原文,调整文体,减少歧义

(二)公示语翻译的原则与策略

1. 公示语翻译的原则

公示语文化翻译的原则主要包括准确性、简洁性、适应性、一致性、文化敏感性几个方面。

准确性原则:公示语翻译的首要任务是准确传达原语信息,不遗漏、不歪曲、不添加任何信息。翻译时应确保词汇、语法和句式的正确性,避免产生歧义或误解。

简洁性原则:公示语通常要求言简意赅,一目了然。因此,在翻译过程中,应尽量使用简洁明了的语言,避免冗长复杂的句式,使受众能够迅速获取关键信息。

适应性原则:公示语翻译应考虑目标语言文化的特点和受众的接

受习惯。翻译时应遵循目标语言的文化规范,使译文符合当地的语言习惯,易于被受众接受和理解。

一致性原则:在公示语翻译中,应保持译文风格的一致性。对于同一类型的公示语,应使用统一的翻译方法和语言风格,以便受众能够迅速识别和理解。

文化敏感性原则:公示语翻译应尊重目标语言文化的敏感性,避免使用可能引起误解或冒犯的词汇和表达方式。在翻译过程中,应充分考虑目标语言文化的特点和受众的接受程度,确保译文既准确又得体。

这些原则在公示语翻译中起着至关重要的作用,它们共同指导着翻译实践,确保译文的质量和传播效果。

2. 公示语翻译的策略

公示语翻译是一个复杂且敏感的任务,需要译者在确保原文信息准确传达的同时,考虑到目标文化的语境、价值观和接受习惯。为了实现这一目标,可以采取以下几种策略:

(1)直译

直译策略是指将源语言的文本按字面意思进行翻译,保持原文的结构和形式。这种策略适用于公示语中有明确表述或特定格式的情况,对于一些在两种文化中都有共同理解的公示语,可以采用直译的方法,直接翻译原文的字面意思。这种策略能够保持原文的准确性和原汁原味,有助于目标读者理解原文的含义。例如:

原文:请勿吸烟
译文:No Smoking
原文:禁止吸烟
译文:No Parking
原文:停车场
译文:Parking Lot

"No Smoking""No Parking"和"Parking Lot"就是很典型的直译例子,保持了原文的结构和形式,保持了原文的准确性和原汁原味。

（2）意译

意译策略是指根据上下文和目标语言的文化背景，对源语言的文本进行灵活翻译，以传达相似的意义和效果。这种策略适用于公示语中有较为抽象的表述或需要根据目标文化进行调整的情况，当直译可能导致误解或无法准确传达原文含义时，可以采用意译的方式。意译注重翻译的整体效果，允许译者根据目标文化的语境和习惯，对原文进行适当的调整和解释。例如：

原文：请保持安静，谢谢合作。

译文：For the comfort of all patrons, we kindly request that you maintain a quiet atmosphere. Thank you for your understanding.

这是一个在图书馆、电影院或任何需要安静环境的场所常见的提示，译者可以采用直译的策略，译为“Please keep quiet, thank you for your cooperation”。直译虽然能够传达原意，但可能在某些文化中显得不够礼貌或不够正式。因此，译者可以采用意译的策略，译为“For the comfort of all patrons, we kindly request that you maintain a quiet atmosphere. Thank you for your understanding”。在这个意译的例子中，译者不仅传达了“请保持安静”的请求，而且通过使用“kindly request”（恳请）和“for the comfort of all patrons”（为了所有顾客的舒适）等表达，增加了礼貌和正式性，更符合英语文化中对公共场合安静要求的表达方式。意译策略在这里有助于确保翻译后的公示语既传达了原文的意图，又适应了目标语言的文化习惯，同时也保持了适当的礼貌和正式度。

（3）音译加注

对于一些具有特定文化内涵或历史背景的公示语，译者可以采用音译加注释的方式。音译保留了原文的发音，而注释则对原文的文化内涵或历史背景进行解释。这种音译加注的策略有助于目标读者在理解原文的同时，也能感受到原文的文化魅力。例如：

原文：吊脚楼

译文：Diao Jiao Lou (Diao Jiao Building), which is a residential house made of wood and supported by wooden pillars

侗族的"吊脚楼"多是依山靠河而建的传统干栏式木构建筑，楼下架空，楼上住人。译者无论将"吊脚楼"翻译为"Legged Building, Elevated Garrets"还是"House Built on Stilts"，虽然都能在一定程度上体现建筑的特点，但都无法呈现"吊脚楼"独特的文化内涵和用途。若采用音译法，可将其翻译为"Diao Jiao Lou"或"Diao Jiao Building"，再通过注释"which is a residential house made of wood and supported by wooden pillars"来补充说明，这样既能与原词汇相对应，也有助于外国游客明晰"吊脚楼"的构成和功用。

（4）语义翻译法

语义翻译是英国翻译理论家彼得·纽马克提出的两种翻译模式之一，是指在目的语语言结构和语义许可的范围内，把原作者在原文中表达的意思准确地再现出来[①]。语义翻译法倾向于以源语为中心，集逐字翻译、直译和忠实翻译的优势[②]。语义翻译重视的是原文的形式和原作者的原意，而不是目的语语境及其表达方式，更不是要把译文变为目的语文化情境中之物。

原文：有事请拨打电话 3500

译文：If you are in need, please dial 3500

"有事请拨打电话 3500"是某酒店客房部的一则标示，目的在于提供信息，让顾客了解该酒店客房部提供服务的联系方式。该标示被译为"If you need, please dial 3500"，此译文没有将信息准确地传递给顾客，因为"need"是及物动词，随意省略其后的宾语，让人不知所云。根据语义翻译法，若要在目的语语言结构和语义许可的范围内准确再现原文之意，此标示应译为"If you are in need, please dial 3500"。

（5）交际翻译法

交际翻译是纽马克提出的两种翻译模式的另外一种，其目的是"努力使译文对目的语读者所产生的效果与原文对源语读者所产生的效果

① Newmark, Peter. *Approaches to Translation*[M]. London: Prentice Hall, 1981/1988: 22.

② 张钰瑜．语义翻译与交际翻译在新闻标题翻译中的应用——以 China Daily 新闻标题翻译为例 [J]. 佛山科学技术学院学报，2007（6）：14.

相同”①。交际翻译法倾向以目的语为依归，集归化、意译和地道翻译的优势②。也就是说，交际翻译的重点是根据目的语的语言、文化和语用方式传递信息，而不是尽量忠实地复制原文的文字。译者在交际翻译中有较多的自由度去解释原文，调整文体、排除歧义，甚至是修正原作者的错误。由于译者要达到某一交际目的，有了特定的目的读者群，因此他所生产的译文必然会打破原文的局限。

原文：高高兴兴上班去，平平安安回家来

译文：Have a safe travel（drive）

“高高兴兴上班去，平平安安回家来”是某工厂大门两侧的一则标示，目的是提醒大家上下班注意交通安全，被译为“Go to work happily; Come back home safely”，译文固然忠实地复制了原文的文字，但没有根据英语语言、文化和语用方式传递信息。依据交际翻译法，译者有较多的自由度去解释原文，调整文体，为达到某一交际目的，译文必然打破原文的局限。因此，这两句话译为“Have a safe travel（drive）”即可，译文简单明了，达到了预期效果。

综上所述，公示语文化翻译的策略应根据具体情况灵活运用。在翻译过程中，译者应充分考虑目标文化的语境、价值观和接受习惯，确保公示语能够准确、有效地传达信息，并为目标读者所接受和理解。

① Newmark, Peter. *Approaches to Translation*[M]. London: Prentice Hall, 1981/1988: 22.

② 张钰瑜．语义翻译与交际翻译在新闻标题翻译中的应用——以China Daily新闻标题翻译为例[J]. 佛山科学技术学院学报，2007（6）: 14.

第三节　广告文化传播与翻译

一、广告文化

（一）广告的定义

广告是广告主为了推销其产品、劳务或观念，在付费的基础上，通过传播媒体，向特定的对象进行的信息传播活动。① 广告文化，作为现代社会中不可或缺的一部分，已经深深地渗透到我们的日常生活中。从电视、报纸到互联网，从户外广告牌到地铁车厢，广告无处不在，以各种形式向我们传递着各种信息。广告文化不仅是商业活动的一种表现形式，更是社会文化的一种反映。

广告文化还体现了社会价值观和审美观念的变迁。在不同的历史时期和社会背景下，广告文化所呈现出的风格和内容也会有所不同。例如，在20世纪五六十年代，广告中常常强调产品的实用性和耐用性，而现如今的广告则更加注重产品的设计感和个性化。这些变化不仅反映了消费者的需求和喜好的变化，也反映了社会价值观和审美观念的变迁。

广告文化还具有一定的社会影响力。广告不仅是一种商业行为，更是一种社会现象。广告中的价值观和道德观往往会对人们的行为和思想产生影响。一些公益广告，如环保、慈善等主题的广告，通过倡导积极的社会价值观，引导人们关注社会问题，积极参与公益事业。

广告文化作为现代社会文化的重要组成部分，不仅是一种商业行为，更是一种社会现象和文化反映。广告文化通过运用各种元素和符号，传达了商业信息和社会价值观，同时也对我们的生活和思想产生了深远的影响。

---

① 李晓娟．从广告的语言特点谈广告的英语翻译[J]．中国民族博览，2022（7）：159-161.

（二）广告的特征

广告就其特点而言，具有创造性、美学性。

1. 创造性

广告文体表达方式的创造性主要表现为语言使用的特、新、奇，即广告制作人创造性地运用现代英语的词法、句法、语用规则和诸如类比、双关、对照、设问等人们喜闻乐见的修辞手法，使之具有某些特别的含义，以顺利实现交际意图；换句话说，就是广告人尽可能采用各种途径，在有限时间和空间里，引发广告受众的注意，使之意识到问题和需要的存在，并感受到广告的感染力和震撼力。

2. 美学性

广告文体的美学特点主要体现在：形式、音韵、意境等方面。

（1）形式美

广告为了刺激人们的视觉感官，都会特别注重其外在的形式之美，以求最大限度地吸引人们的目光。好的广告能让人感到眼前一亮，极大地引起读者的注意和兴趣，让读者产生消费欲望，进而过目不忘，并最终付诸购买行动。

例如，苹果公司的广告通常以其简洁、现代的设计和鲜明的品牌特色而闻名。它们经常使用大面积的留白、清晰的产品图像和简洁的文案，这种设计不仅美观，而且能够有效地传达产品的特点和品牌的价值。再如，可口可乐的圣诞广告经常使用红色和白色的品牌色彩，以及圣诞老人的形象，这种设计不仅符合节日氛围，也与品牌的形象紧密相连，能够激发消费者的购买欲望。这些例子展示了形式美在广告中的重要作用，它通过视觉元素的设计增强了广告的吸引力和记忆度，有效地促进了产品的销售。

（2）音韵美

“有节奏、有旋律、能押韵的声音（即乐音）才能悦耳动听”。广告人在创意产品商标、起拟广告标题、构思广告口号、撰写广告文案时，无一例外地特别注重合理地整合音韵、推敲节奏、调配旋律，使广告语言不仅具有流光溢彩的视觉美，而且具有珠圆玉润的听觉美，不但能传递丰富的商业信息，还能以歌谣的形式广为传唱。

广告文体的音韵美主要借助于语音的组合、节奏的和谐及韵律的搭配，来营造悦耳赏心的效果，带给广告受众审美快感。这些音素所具有的最基本的音响特质能刺激人们的听觉，激起不同的联想，产生不同的情绪。如在著名的体育用品商标 Adidas 中，第一个 / ɑ : / 饱满而结实，紧接着一个 /di/ 短促且清亮，再加上一个刚性十足的 /da: /，最后出现轻柔绵延的软音 /s/，形成由：/ ɑ : /— /di/— /d ɑ : /— /s/ 四个音节构成的明快组合。“啊—嘀—嗒—嘶”，读起来“嘀嗒”有声，错落有序，听起来，恰似运动员跑步时的轻快的脚步声和有规律的呼吸声。

这种刚柔相济的语音组合将感情色彩丰富的音韵发挥到极致，构建出跌宕起伏的乐感，进而成功地运用语音展现并突出了商品的形象和特点，因而能强烈地刺激广告受众的感觉器官，并在他们的记忆深处留下永久的烙印。

（3）意境美

广告的意境美如同绘画中的留白、诗歌中的韵律，让人在短暂的视觉冲击之后，仍能长久地回味其深意。它并非简单直白地传递信息，而是将品牌理念、产品特性融入富有情感色彩的画面和语言中，唤起观者内心深处的共鸣。广告意境美的体现离不开对受众心理的精准把握。它深知人们渴望美好、追求梦想的心理需求，因此，在广告中巧妙地运用各种元素，营造出一种梦幻般的氛围。这种氛围既可以是宁静的田园风光，也可以是繁华的都市景象，抑或充满奇幻色彩的异世界。无论何种形式，都能让人在欣赏广告的同时，感受到一种超越现实的审美体验。

广告意境美还体现在对细节的精心雕琢上。无论是画面的构图、色彩的搭配，还是语言的运用、音效的处理，都力求做到尽善尽美。这种对细节的极致追求，使广告在传递信息的同时具备了很高的艺术价值。广告通过富有感染力的画面和语言，唤起观者的情感共鸣，让他们在心灵深处产生共鸣。这种情感共鸣不仅有助于增强观众对品牌的认同感，还能激发他们的购买欲望。

例如，宝马的“终极驾驶机器”广告，通过展示宝马汽车在各种极端路况下的卓越性能，传达了宝马追求卓越、勇于挑战的品牌精神。广告中的汽车形象、动态效果和音乐，营造出一种动感、激情的氛围，激发观众对于驾驶的向往和激情。宜家的“为生活创造更美好的每一天”广告通过展示宜家产品在不同家庭生活中的应用，传达了宜家为人们创造更美好生活的品牌理念。广告中的家庭场景、人物表情和温馨的音乐，营造出一种舒适、温馨的氛围，使观众产生对家的向往和情感共鸣。

这些广告通过巧妙地运用视觉元素、音乐、文案等手法，创造出一种超越具体形象的深层美感，引发观众的情感共鸣和思考，从而在观众心中留下深刻的印象，增强了广告的传播效果。

（三）广告的分类

广告文体可以按照内容、目的、策略、传播媒介等进行分类：

（1）按照内容，分为产品广告、品牌广告、观念广告、公益广告；

（2）按照目的，分为告知广告、促销广告、形象广告、建议广告、公益广告、推广广告；

（3）按照策略，分为单篇广告、系列广告、营销广告、说服广告等；

（4）按照传播媒介，分为报纸广告、杂志广告、电视广告、电影广告、交通广告等；

（5）按照表现手法，分为图像广告、文字设计广告、人物肖像广告、视听广告；

（6）按照传播范围，分为国际性广告、全国性广告、地方性广告、区域性广告。

（四）广告的功能

广告是企业和消费者之间沟通的桥梁，具有多种功能：

（1）宣传和推广：广告通过各种媒体形式，如电视、广播、报纸、杂志、互联网等，向大众传达产品或服务的信息，提高品牌知名度，吸引潜在消费者。

（2）刺激消费：广告通过展示产品或服务的各种优点和特点，鼓励消费者购买和使用，增加销售量。它可以刺激潜在需求，唤起消费欲望，促使消费者做出购买决策。

（3）塑造品牌形象：广告通过设计和传播精心策划的广告活动，塑造和强化品牌形象,使消费者对品牌有一种积极的印象和认知。通过有效的广告宣传,企业可以建立和维护良好的品牌形象,增加信任度和忠诚度。

(4)传递信息:广告不仅可以传递产品或服务的基本信息,还可以告知消费者关于产品的功能、性能、优势和竞争优势。通过广告,消费者可以了解到新产品的推出,价格变化,促销活动等重要信息。

二、广告文化翻译

(一)广告文化翻译的理论

在广告文化翻译过程中,可以将功能对等理论、关联理论、接受美学理论作为理论依据。

1. 功能对等理论

20 世纪 60 年代,美国著名翻译理论家尤金·奈达(Eugene A.Nida)提出“动态对等”。在他看来,任何能用一种语言表达的东西都能够用另外一种语言来表达。[①] 因此,译者应该努力在不同语言、不同文化之间寻找翻译对等语,采用适当的方式重组原文的形式和语义结构进行交际,以期达到意义上的功能对等。功能对等理论作为翻译学中的一项重要理论,强调了翻译过程中原文与译文之间在功能上的对等性,而非单纯的形式对等。这一理论突破了传统翻译理论对形式对等的过分强调,更多地关注译文在目标语读者中产生的实际效果与原文在源语读者中产生的效果是否一致。

在功能对等理论的指导下,翻译活动不再是简单地逐词逐句地转换,而是要求译者深入理解原文的意图、风格及所传达的信息,并在目标语中找到能够传达相同信息的表达方式。这种翻译方法更注重译文在目标语文化中的适应性和可读性,使译文更易于被目标语读者接受和

① Nida, E. A. *Toward a Science of Translating: with Special Reference to Principle and Procedures Involved in Bile Translating* [M]. Leiden: Brill, 1964: 45.

理解。

此外,功能对等理论还强调了翻译过程中的创造性。由于不同语言之间存在文化差异和表达习惯的不同,译者需要在保持原文信息的基础上,创造性地运用目标语资源,使译文既符合目标语的语言规范,又能准确地传达原文的意图。这种创造性的翻译方法不仅有助于实现译文与原文在功能上的对等,还能促进不同文化之间的交流和理解。

在实际应用中,功能对等理论为广告翻译工作提供了有力的指导。译者可以根据功能对等理论的要求,灵活调整翻译策略,以实现译文在目标语中的最佳效果。同时,随着全球化进程的加速和跨文化交流的日益频繁,功能对等理论在翻译实践中的应用也将更加广泛和深入。

2. 关联理论

关联理论作为一种认知语言学的重要分支,深入探讨了人们在处理信息时如何建立并维持关联性的过程。它不仅揭示了语言交际的实质,还为语言理解、学习和使用提供了有力的理论支持。在关联理论的框架下,语言交际被视为一种寻找最佳关联的过程,即听话者根据自身的认知环境和说话者提供的信息,努力寻找最符合语境的关联,从而理解说话者的意图。

关联理论强调,语言交际的成功与否,很大程度上取决于听话者能否在有限的认知资源下,快速而准确地找到与说话者意图相匹配的关联。这种关联性不仅体现在语言本身的结构和语义上,还涉及语言使用的社会文化背景、语境以及个体的认知能力和经验。因此,关联理论为我们理解语言的多样性和复杂性提供了有力的工具。在翻译过程中,译者需要充分考虑源语言和目标语言之间的文化差异和认知差异,寻找最佳关联,以确保译文的准确性和地道性。

3. 接受美学理论

接受美学理论这一源自德国的重要文艺理论流派,对文艺批评与创作产生了深远的影响。该理论强调读者的主体性地位,认为文学作品的价值并非仅由作者或作品本身决定,而是由读者在阅读过程中的积极参与和创造性解读所共同构建的。

在接受美学理论的视野下，读者不再是被动接受信息的对象，而是成为主动参与的创造者。他们通过阅读作品，与作者进行跨时空的对话，从而赋予作品新的意义和价值。同时，读者的文化背景、审美经验、情感倾向等因素也会影响到他们对作品的理解和接受，进而形成多样化的解读和阐释。

接受美学理论还强调了作品与读者之间的互动性。作品在创作完成后，其意义并非固定不变，而是在与读者的互动中不断生成和变化。读者的每一次阅读都是对作品的一次重新解读和再创造，这使作品的意义得以不断丰富和拓展。此外，接受美学理论还关注到了社会历史背景对读者接受的影响。不同的社会历史时期，人们的审美观念、价值取向和文化氛围都会有所不同，这也会影响到读者对作品的接受和理解。因此，接受美学理论提醒我们，在解读作品时，需要充分考虑到这些因素对读者接受的影响。

（二）广告文化翻译的原则与策略

1. 广告文化翻译的原则

（1）价值准确性原则

广告作为一种信息传播手段，其内容与形式需具备高度的针对性。针对不同商品及目标市场，广告应当量身定制，以适配多样化的需求，并采取相应的表现形式。在广告翻译实践中，价值准确性原则显得尤为重要。这一原则要求译文在语言风格、文体风格及信息功能等方面均须忠实且贴近原文，从而直观展现产品的功能与价值，使消费者能够迅速、准确地判断该产品是否符合其消费需求。此外，价值准确性原则与严复老先生提出的翻译原则中的“信”不谋而合，均强调翻译的精准性，力求避免遗漏或偏差，确保译文与目标顾客的关注点高度契合。

（2）语言创新性原则

优秀的广告创作应具备新颖、独特与创新的特质，这彰显了创新思维在广告创作中的重要性。因此，广告翻译过程中的语言创新性对于增强产品影响力的作用至关重要，不容忽视。一个充满创新元素的广告能够显著影响产品推销的成效，推动产品价值的拓展，并增强产品对消费者的吸引力与感召力。例如：

原文：有目共赏——上海电视机
译文：Seeing is believing

上述广告翻译以广为流传的英语谚语“Seeing makes believing”(眼见为实)为灵感源泉。首先,“有目共赏”作为褒义词,充分展现了上海电视机产品在质量保障与安全保障方面的卓越表现；其次,通过巧妙运用大众耳熟能详的英语谚语,并以创新形式呈现,不仅令人耳目一新,更增强了消费者与产品之间的亲近感与信赖度。

(3)内含精美性原则

在广告的翻译过程中,必须具备一定的审美情趣,力求实现独特且引人注目的效果。这需要我们严格遵循翻译原则中的“雅”之要求,确保翻译语言得体且优美。然而,实现“雅”的原则并非易事,它必须建立在忠实原文的基础之上。因此,我们需要对所涉及的产品、企业及其文化背景进行深入的认识与理解。只有这样,我们才能翻译出既符合市场需求,又符合大众审美习惯的广告文本。这样的广告翻译能够使企业产品更具竞争力与冲击力,给消费者留下深刻印象,激发其兴趣,进而提升消费者的消费欲望。

2. 广告文化翻译的策略

由于中西方文化在思维方式、价值观念、社会风俗和审美情趣等方面存在差异,译者需要向目的语读者靠拢,译成地道的本国语言,并保留语言特色和异国情调。由于文化差异的存在,翻译时需要“让读者去接近作者”或“让作者接近读者”。译者必须根据翻译目的来选择,尽可能把读者和作者放在同一层面,以此解决目的语与源语言之间的差异。所以,有归化和异化两种不同的翻译文化取向,而这些取向通过不同的方法体现。

(1)直译法

广告翻译中,最主要的翻译方法之一就是直译法。其既能准确传达原广告语意思,又能够保留原广告语的表达形式和句式结构,还能准确传达广告语的意义和风格。比如：

原文：国酒茅台，酿造高品位生活（茅台酒）

译文：China Moutai brews quality into life.

上述广告采用了直译策略，简洁明了，准确传达了茅台酒的高品质的地位，点明了茅台酒是国酒之光的身份。

原文：行动让潜能无限。（鸿星尔克）

译文：Action makes one's potential limitless.

上例是运动品牌广告，传达了运动品牌的精神。目的广告语“行动让潜能无限”，能够给消费者传达一种积极向上的精神，符合运动品牌的理念，直译不仅直接地诠释了品牌的理念和内涵，而且传达共同的品牌文化和品牌精神，也避免思维方式差异产生的分歧。

（2）意译法

意译法旨在不受原文本身所具备语义的限制，不再追求字面意思，而是结合消费心理，用不同于原文的表达方式实现译文的再表达，实现功能对等。例如：

原文：钻石恒久远，一颗永流传

译文：A diamond is forever.

原文：运动休闲，我行我素

译文：Go on my way.

以上两则广告翻译前者将钻石价值的永久性与爱情相结合，后者将运动休闲与青春热血的人生观念相结合，符合对于爱情的追求与向往，对于运动的重视，符合大众的消费需求。

（3）替代法

替代法翻译的目的是让读者更容易记住广告，从而达到记忆价值。通过同音词替换实现词语转换。译者在翻译时要考虑中西方价值观的差异，翻译要符合当地的文化风俗，译成地道的本国语言。例如：

原文：荣事达

译文：Run Star

我国洗衣机品牌“荣事达”，国人认为这是一个褒义词，翻译时，译者用“Run Star”的同音词替代，既朗朗上口又达到宣传品质的效果。

字母替代法，指将一些专有名词的拼音及英文单词的首字母组合在一起构成品牌英译名称的方法。由于中西方的价值观念的不同，采用字母替代法可以加深记忆，使消费者短时间内了解产品名称，从而产生利益价值。例如：

原文：京东
译文：JD.com
原文：中兴
译文：ZTE

“京东”（JD.com，拼音全称为 Jing Dong）、“中兴”（ZTE，全称为 Zhongxing Telecom Equipment），以上两个例子，译者均使用首字母代替翻译，简洁明了，使消费者更加容易记住产品名称，达到营销的效果。

（4）释义法

“释义法，就是舍弃原文中文化语料的语言外壳，直接解释出源语文化语料所表达的意义”。在翻译一些具有民族色彩的词汇或者一些具有隐含意义的词汇时，通常会使用释义法来翻译广告，用这种方法翻译，既可以让译文更加简洁明了，也不会损害译文传达的信息和文化。例如：

原文：对我而言，过去平淡无奇，而未来，却是绚烂缤纷。（轩尼诗）

译文：To me，the past is black and white，the future is always color.

上述广告都采用了释义法，直接传达广告的意思。中西方间的审美情趣存在差异，西方追求大方直白，中国则追求含蓄意境。“black and white”字面意思是“黑与白的”，隐含的意思是“平淡无奇的生活”，而“color”字面意思是“色彩”，隐含“绚丽多姿的生活”。若直译该广告：

“对我来说,过去是黑与白的,但未来却总是彩色的”。译文虽大方直白,却显得平淡无奇,且不能激起消费者的购买欲望。采用释义法后,广告语就更加有意境和有内涵,且符合国人的审美情趣,会引起较强的震撼力和感召力。例如:

> 原文:人头马一开,好事自然来。
> 译文:Exclusively Fine Champagne Cognac—Remy Martin XO.

由于每个国家的风俗习惯不同,所以广告翻译时应符合目的语的文化习俗。“Exclusively Fine Champagne Cognac”直译是“专供上等香槟白兰地”。这样的广告语没有特色,不能激起消费者的购买欲。译者采用释义法,将其翻译为“人头马一开,好事自然来”。译文不仅让消费者记住了“人头马”这个品牌,还形成消费冲动。在中国的文化习俗中,酒一般是在庆祝的时候喝,喝人头马自然是有好事值得庆祝;另外“好事自然来”,喝了人头马能够带来好运,也更加符合了中国人注重好彩头,好意头的心理。

广告文体变化多端、别出心裁,加上中外语言文化迥异,使广告翻译成为较为复杂的问题。在翻译实践中,要真正做到译语和源语的最大限度功能等值,只单纯地使用一两种策略是远远不够的,而需从具体情况出发,辩证、综合地选择合适的策略来传达原文的意义。

第四节　新闻文化传播与翻译

一、新闻文化

(一)新闻的定义

新闻的定义可以从多个维度来理解。

从广义上来说,新闻是对新近发生的事实的一种报道和传播。它涵盖了各个领域的信息,包括政治、经济、社会、文化等,旨在满足人们对新鲜事物的了解需求。新闻不仅仅是事实的简单陈述,它还包含了记者的观察、分析和判断。在报道新闻时,记者需要深入现场,采访当事人,收集第一手资料,并通过筛选、整理和加工,将最有价值的信息呈现给读者。因此,新闻也是对现实世界的一种反映和解读。

从狭义上来说,新闻特指通过报纸、广播、电视等媒体发布的消息。这些消息往往具有时效性,即在一定时间内对公众产生影响的事件或现象。新闻的时效性要求媒体机构能够快速、准确地捕捉新闻线索,并及时将信息传递给受众。此外,新闻还具有客观性和公正性。客观性要求新闻在报道事实时,不受个人主观情感和偏见的影响,保持中立和客观的态度。公正性则要求新闻在呈现信息时,能够全面、平衡地反映各方面的观点和利益,避免片面或误导性的报道。

(二)新闻的特征

新闻作为现代社会信息传递的重要载体,其时效性、客观性、广泛性、影响性等特征使它在众多信息形式中脱颖而出。

1. 时效性

新闻所报道的内容必须是最近发生或正在发生的事件,过时的信息无法引起读者的兴趣和关注。因此,新闻工作者需要时刻保持敏锐的洞察力,及时捕捉并报道各类新闻事件。

2. 客观性

新闻报道必须基于事实,避免主观臆断和夸大其词。新闻工作者需要深入调查,搜集充分的证据和资料,以确保报道的准确性和公正性。同时,他们也需要在报道中保持中立立场,避免将个人情感或偏见带入新闻内容。

3. 广泛性

新闻所关注的内容涵盖了政治、经济、文化、社会等各个领域,涉及人们生活的方方面面。无论是国际大事还是身边小事,只要具有新闻价值,都有可能成为新闻报道的焦点。广泛性使新闻能够满足不同读者的需求和兴趣。

4. 影响性

作为社会舆论的重要引导者,新闻报道能够影响人们的思想观念和行为方式。因此,新闻工作者需要承担起社会责任,确保报道内容真实、客观、公正,避免误导读者或造成不良社会影响。

(三)新闻的分类

新闻的分类,根据内容、形式和传播渠道的不同,呈现出多样化的特点。以下是一些常见的新闻分类方式:

按照内容属性,新闻可分为时政新闻、经济新闻、社会新闻、文化新闻、体育新闻等。时政新闻主要报道国家政治生活的重要事件和决策,反映国家政治生活的动态和趋势;经济新闻关注经济领域的重大变化和发展,揭示经济运行规律和市场动态;社会新闻关注社会生活中的热点问题和民生关切,反映社会风貌和民生福祉;文化新闻聚焦文化领域的创新和传承,展示文化的魅力和影响力;体育新闻则报道体育赛事和活动,展现体育精神和竞技风采。

从形式特点来看,新闻可分为文字新闻、图片新闻、视频新闻、直播新闻等。文字新闻以文字为主要表达手段,通过文字描述和叙述传递信息;图片新闻以图片为主要载体,通过视觉形象展示新闻事件和现场;视频新闻则结合图像、声音和文字,以动态画面的形式呈现新闻内容;直播新闻则通过实时传输技术,将新闻现场直接呈现给观众,带来身临其境的感受。

随着新媒体的崛起,新闻的传播渠道也日益丰富,因此还可以按照传播渠道将新闻分为传统媒体新闻和新媒体新闻。传统媒体新闻主要包括报纸、广播、电视等传统媒体发布的新闻;媒体新闻则涵盖了网络新闻、社交媒体新闻、移动媒体新闻等多种形式,具有传播速度快、互动性强等特点。

(四)新闻的功能

新闻作为现代社会中不可或缺的信息传播工具,其功能多种多样,不仅传递信息,更在塑造公众意识、引导社会舆论等方面发挥着重要作用。

新闻具有传递信息的功能。通过报道各种事件、动态和事实,新闻能够迅速将世界各地的信息汇集起来,为公众提供全面、及时、准确的信息服务。无论是国内外政治、经济、社会等方面的重大事件,还是日常生活中的小事,新闻都能通过不同的媒介和渠道传递给公众,满足人们对信息的需求。

新闻具有塑造公众意识的功能。通过报道和解读新闻事件,媒体能够引导公众对某些问题的看法和态度,形成一定的社会共识。这种共识对于社会的稳定和发展具有重要意义。同时,新闻还能够揭示社会现象的本质和规律,帮助公众更好地认识和理解社会,从而作出更加明智的决策。

新闻具有引导社会舆论的功能。媒体通过对新闻事件的报道和评论,能够影响公众对事件的看法和态度,进而引导社会舆论的走向。在重大事件发生时,媒体通过及时、准确的报道和深入的分析,能够稳定社会情绪,防止谣言和恐慌的传播,维护社会的稳定和谐。

新闻具有舆论监督的功能。通过报道和揭露社会上的不正之风和违法行为,新闻能够推动社会的进步和发展。媒体作为舆论监督的重要力量,能够发挥舆论监督的作用,促进政府机构的廉洁高效、企业的诚信守法以及社会的公平正义。

二、新闻翻译

(一)新闻的翻译理论

1. 功能对等理论

1964 年,美国翻译学家尤金·奈达首次提出“形式对等”和“动态对等”两个概念，之后于1969年，经过对其理论的完善，奈达在其著作《翻译理论与实践》中提出功能对等理论。[①]在这一理论中，他指出：翻译是用最恰当、自然和对等的语言从语义到文体再现源语的信息。其理论中的功能对等包含四个方面：词汇对等、句法对等、篇章对等以及文体对等。但由于原文与译文之间存在着不可忽视的语言、文化等差异，在翻译时很难达到完全对等。因此奈达认为，译者在翻译时应优先考虑意义上的对等，其次是形式上的对等，尽量让译入语读者能够基本按照源语读者理解和欣赏原文的方式来理解和欣赏译文。

简单来说就是，功能对等理论下，翻译不应过多受制于原文的语言形式，译者应在综合考虑读者感受的前提下，保证译文与原文在形式的对等，同时完成信息传递，使译文措辞通顺自然，译文内容达意传神，原文读者与译文读者的反应基本一致。

2. 功能目的翻译理论

功能翻译理论发源于20世纪70年代的德国，其主要代表人物是汉斯·费米尔（Hans J.Vermeer）、凯瑟林娜·赖斯（Katharina Reiss）和克里斯蒂安·诺德（Christiane Nord）。这一理论的核心理论是目的论，目的论将翻译视为一种有目的的跨文化活动，其精髓是“目的决定手段”，认为翻译策略的选择必须根据翻译目的来决定。这一“目的”与译文读者、译语文化环境、译文的预期功能等多种因素相关。因此，翻译不只是一种语言与另一种语言间的语码转换，而是一种复杂的有目的的交际行为。[②]

（二）新闻翻译的原则与策略

1. 新闻翻译的原则

（1）真实性

绝对真实是新闻首要的原则，在新闻翻译时也应当遵循。新闻由时

① （美）奈达（Nida E. A.），（美）泰伯（Taber C. R.）. 翻译理论与实践[M]. 上海：上海外语教育出版社，2004：16.

② 王智芝. 目的论视角下汉语软新闻英译研究[J]. 高教学刊，2016（4）：255-256.

间、地点、人物、事件等要素组成，这些要素要求必须真实有效，新闻所反映的客观事实，包括语言交谈、事情经过、人物动作等在叙述时都要遵循客观事实，不能添枝加叶、任凭想象。在新闻中引用的各种观点材料等也要准确无误，在新闻翻译中要用大量的具体事实去概括，而不是笼统地去议论，议论必须十分精粹，要避免片面化和绝对化。

（2）准确性

新闻翻译要求准确传达原文的含义和信息，确保译文的准确性。新闻翻译中引用的观点和材料必须准确无误，避免任何可能导致误解的偏差。用语用词精准，准确无误，翻译出现误差的话，很有可能导致严重的后果，为了避免负面影响，译员在翻译过程中用语用词精准。

（3）时效性

新闻每天都在更新，因此新闻是具有时效性的，新闻翻译也是如此。因为新闻的时效性很短，因此在新闻翻译时翻译的速度十分重要，既要保证质量又要保证速度，这就需要有着翻译经验的翻译人员来进行翻译，金笔佳文作为一家专业的翻译公司，有着专业的翻译团队，每个译员都经过专业的培训，能够保证翻译的质量，日积月累的翻译经验也让我们更加能保证翻译的效率。

2. 新闻翻译的策略

（1）增译法

在译者主体性视角下，译者在翻译过程中必须充分重视汉语与英语之间的语言文化差异以及新闻用语的特殊性。汉语强调意合，而英语则侧重形合，这种差异在新闻文本的表达中亦有所体现。尽管汉英新闻用语均追求简洁明了，但二者在表达同一内容时仍呈现出一定的差异性。

因此，译者在将汉语新闻翻译为英文时，可以积极采用增译策略，特别是在汉语新闻内容直接转换为英语后可能导致意义缺失的情况下。通过增译，译者可以确保相关信息在翻译过程中得到完整且准确的传达，从而实现翻译的有效性和准确性。例如：

原文：小提琴大师来西安了！

译文：Renowned Violinist（Lang Lang）Coming to Xi’an!

在英语新闻文化中，直接而明确的表达更为常见，因此，在翻译时，我们应充分发挥译者的主体性，对原文进行必要的“操纵”和“改写”。经过审慎考虑与理性分析，为了适应英语读者的阅读习惯，译者将原文的新闻标题经过适当的调整，译为“Renowned Violinist（Lang Lang）Coming to Xi’an”，以清晰明了地传达小提琴大师的身份和到访地点，同时符合英语新闻严谨、直接的表达风格。这样的翻译既能保留原文的吸引力，又能确保信息的准确传达，更好地满足英语读者的阅读需求。再如：

原文：两岸“三通”

译文：Three direct links across the Taiwan Straits（the links of trade, shipping and postal service）

在翻译这一经典的汉语新闻用语时，译者采用了增译法作为翻译策略。与简单的字对字翻译方式不同，译者并未将其直接译为“Two sides, Three links”。相反，译者充分考虑到了英语新闻读者的阅读体验，致力于将这一政策的具体内容全面、准确地传达给目标读者群体。在此过程中，译者再次凸显了其主体性，对目标读者的文化背景和阅读习惯进行了深入剖析。考虑到英语读者可能对我国的相关政策缺乏了解，如果采用直译法，可能导致读者对内容产生误解或困惑。因此，译者采用了增译法，对政策进行详尽的解释和补充，以确保翻译的准确性和完整性。

同时，译者深知政策翻译的重要性，必须做到准确、完整、严谨。因此，在增译的过程中，译者将政策的具体解释和背景信息融入其中，使翻译结果更加贴近英语新闻的表达习惯，易于读者理解和接受。通过这种方式，英语新闻读者在阅读相关新闻时能够更加清晰地了解政策的具体内容和背景，从而更好地理解新闻的主旨和意图。这种翻译方法不仅符合英语新闻追求严谨的表达习惯，也体现了译者对翻译工作的专业精神和严谨态度。

（2）减译法

在汉英新闻翻译实践中，译者需灵活运用增译法来应对汉英新闻语言差异，同时也应熟练掌握减译法的运用。特别是在面对原文中不符合英语新闻表达习惯的内容时，译者应审慎取舍，巧妙运用减译法进行翻译，以确保最终的新闻译文更加贴近译入语新闻的特点。例如：

原文：中华人民共和国 70 年来取得的成就令人骄傲
译文：The People's Republic of China at seventy

在翻译过程中，译者充分发挥了其主体性，对原文内容进行了适度的省略处理。具体而言，原文中提及的"成就令人骄傲"这一表述，在最终呈现的英语版本中并未出现。这一选择是基于对原语表达风格的考量，原文的表述较为简洁明了，因此在转化为英语表达时，译者采用了更为精练的短语形式。同时，由于该部分内容并不涉及政策、法律条文等需要高度严谨性的表述，因此译者在翻译过程中并未过分追求逐字逐句的对应。

通过选用少量但富有表现力的英语单词，译者巧妙地传达了中华人民共和国走过 70 年辉煌历程的重要信息。至于原文中的"令人骄傲"这一情感色彩浓厚的表述，译者认为在英语新闻读者的语境中，他们可能无法像中国读者那样深刻体会到国家复兴、日益强大所带来的骄傲情感，因此无须过多强调这一情感层面。因此，在翻译过程中，译者选择性地省略了这一部分，以确保信息传递的准确性和有效性。

（3）改译法

在新闻翻译的过程中，改译现象尤为普遍。这主要源于不同国家的新闻撰写者拥有各异的表达习惯，同时，不同文化背景亦使人们的思维方式存在显著差异。从译者主体性的视角出发，改译成为汉英新闻翻译中的一项核心且重要的翻译策略。例如：

原文：土地承包责任制受到农民的拥护
译文：Chinese farmers uphold land policy

在翻译一篇涉及中国农村政策的新闻时，译者对原文内容进行了精心的改写，尤其是针对"土地承包责任制"这一关键概念的翻译处理。考虑到土地承包责任制是中国特有的农业政策，且其内涵对于英语读者来说可能较为陌生，直接翻译不仅可能增加理解难度，还可能导致译文冗长烦琐。因此，译者巧妙地将其译为 land policy，即"土地政策"，这样的处理方式既保留了原文的核心信息，又避免了过多的解释和阐述。

同时，为了更加准确地传达原文的含义，译者还特意将“农民”译为“Chinese farmers”。这一调整不仅强调了新闻发生地的文化背景，也突出了这一政策是针对中国农民的特定情况而制定的。此外，译者还对原语的表达顺序进行了适当的调整，使译文更加符合英语的表达习惯，提高了可读性。

这样的翻译处理方式既发挥了译者的主体性，又尊重了客观事实。译者在翻译过程中充分考虑了读者的文化背景和阅读习惯，通过巧妙的改写和调整，使译文更加贴近读者的实际需求。同时，译者也避免了因政治用词不当而引发的误解和歧义，确保了译文的准确性和客观性。

总的来说，这篇新闻的翻译体现了译者的专业素养和翻译技巧。通过对原文内容的改写和调整，译者成功地将这一涉及中国农村政策的新闻内容传达给了英语读者，既保留了原文的核心信息，又符合了英语表达习惯，实现了有效的跨文化交流。

参考文献

[1] 阿诺德·汤因比．历史研究 插图本 上 [M]. 上海：上海人民出版社，2019.

[2] 蔡萍．纽马克翻译理论浅析 [J]. 电子科技大学学报（社科版），2009（3）：78-81.

[3] 陈原．社会语言学 [M]. 上海：学林出版社，1983.

[4] 成中英．文化·伦理与管理 中国现代化的哲学省思 [M]. 贵阳：贵州人民出版社，1991.

[5] 邓炎昌，刘润清．语言与文化 [M]. 北京：外语教学与研究出版社，2003.

[6] 段连城．对外传播学初探 [M]，北京：五洲传播出版社，2004.

[7] 杜莉，姚辉．中国饮食文化 [M]. 北京：旅游教育出版社，2013.

[8] 辜正坤．中西诗比较鉴赏与翻译理论 [M]. 北京：清华大学出版社，2003：17.

[9] 郭乐乐．关联翻译理论视角下小说翻译的风格再现——以《半生缘》英译为例 [J]. 三角洲，2023（13）：101-103.

[10] 郭于华．透视转基因：一项社会人类学视角的探索 [J]. 中国社会科学，2004（5）：142.

[11] 郭玉亮．中国传统节日文化 [M]. 银川：宁夏人民教育出版社，2015.

[12] 韩琛茜，史枫琴，杨若彤等．跨文化交际视角下中国美食英译探讨 [J]. 文化产业，2020（2）：96-99.

[13] 何群、李春怡．外交口译 [M]. 外语教学与研究出版社，2011：235-236.

[14] 贺正柏．中国饮食文化 [M]. 北京：旅游教育出版社，2017.

[15] 胡庚申．翻译适应选择论 [M]. 武汉：湖北教育出版社，2004.

[16] 胡庚申 . 生态翻译学的研究与理论视角 [J]. 中国翻译，2011（2）：5-9.

[17] 胡含芳，李凤萍 . 顺应论交际语境视角下化妆品名称翻译策略分析 [J]. 大众文艺，2020（17）：154-155.

[18] 胡壮麟 . 新世纪英汉大词典 [Z]. 北京：外语教学与研究出版社，2016.

[19] 黄友义 . 坚持“外宣三贴近”原则，处理好外宣翻译中的难点问题 [J]. 对外大传播，2004（9）：4-6.

[20] 黄友义 . 强化国家外宣翻译机制，助力国际传播能力提升 [J]. 英语研究，2022（1）：12-19.

[21] 黄忠廉 . 变译理论 [M]. 北京：中国对外翻译出版公司，2001.

[22] 姬昌 . 周易 [M]. 东篱子译注 . 北京：北京时代华文书，2014.

[23] 姜志伟，孙雪梅 . 冬奥背景下伤病中禁忌语的翻译原则初探 [J]. 海外英语，2019（20）：33-35.

[24] 孔子 . 尚书 [M]. 长春：吉林文史出版社，2017.

[25] 老子 . 道德经 [M]. 上海：上海古籍出版社，2023.

[26] 李茸 . 中英委婉语的文化内涵与翻译 [J]. 英语广场，2023（6）：20-23.

[27] 李晓娟 . 从广告的语言特点谈广告的英语翻译 [J]. 中国民族博览，2022（7）：159-161.

[28] 李芒环 . 古往今来话中国 中国的服饰文化 [M]. 安徽师范大学出版社，2012.

[29] 李明晨，宫润华 . 中国饮食文化 [M]. 武汉：华中科技大学出版社，2019.

[30] 李仲信 . 雕梁画栋 中国传统建筑文化 [M]. 济南：山东大学出版社，2017.

[31] 梁起峰 . 中国传统节日的文化价值研究 [M]. 北京：北京工业大学出版社，2023.

[32] 梁漱溟 . 中国文化的命运 [M]. 北京：中信出版社，2016.

[33] 廖七一 . 当代西方翻译理论探索 [M]. 南京：译林出版社，2000.

[34] 刘向 . 说苑 下 [M]. 萧祥剑注译 . 北京：团结出版社，2021.

[35] 刘小玲．从文化转基因角度看诗歌翻译“三美”——以许渊冲翻译《游东田》为例 [J]. 乌鲁木齐职业大学学报，2009（4）：58-60+64.

[36] 刘小玲．从信息传递角度看旅游资料英译的变译 [J]. 新疆大学学报（哲学社会科学版），2010（6）：145-148.

[37] 刘小玲．从诗歌翻译看文化转基因——以许渊冲英译《登高》为例 [J]. 新疆财经大学学报，2010（4）：71-74.

[38] 刘小玲．旅游资料英译中的“信息离散”及翻译对策——以新疆旅游资料英译为例 [J]. 语言与翻译，2011（1）：56-59.

[39] 刘小玲．多民族地区餐饮菜单英译规范化研究——以新疆地区餐饮菜单英译为例 [J].2013（5）：37-39.

[40] 刘小玲．阐释翻译学视阈下的中国少数民族文化外宣翻译 [J]. 英语广场，2020（25）23-26.

[41] 楼庆西．中国传统建筑文化 [M]. 北京：中国旅游出版社，2008.

[42] 卢明玉，冯祥君．中国衣冠服饰汉译英标准化 [J]. 中国科技翻译，2019，32（4）：24-27.

[43] 陆峰．功能主义翻译目的论视角下的电影禁忌语翻译探析 [J]. 宿州教育学院学报，2014（1）：33-34+37.

[44] 马林诺夫斯基．文化论 [M]. 费孝通，译．中国民间文艺出版社，1987.

[45] 马修·阿诺德．文化与无政府状态：政治与社会批评 [M]. 北京：生活·读书·新知三联书店，2008.

[46] 孟子．孟子 [M]. 哈尔滨：北方文艺出版社，2019.

[47] 奈达（Nida E. A.），泰伯（Taber C. R.）．翻译理论与实践 [M]. 上海：上海外语教育出版社，2004.

[48] 钱霖生．读者的反应能作为评价译文的标准吗？——向金隄、奈达两位学者请教 [J]. 中国翻译，1988（2）：42-44.

[49] 上海辞书出版社．辞海 [M]. 上海：上海辞书出版社，2020.

[50] 孙鑫，胡曦．翻译美学视角下张培基散文英译策略选择：以《雾》为例 [J]. 英语广场（学术研究），2022（32）：3-7.

[51] 谭载喜．西方翻译简史（增订版）[M]. 北京：商务印书馆，2004.

[52] 泰勒．原始文化 [M]. 蔡江浓编译．杭州：浙江人民出版社，1988.

[53] 王广源 . 文旅融合大背景下许昌景区公示语英语翻译的问题及对策 [J]. 海外英语，2023（21）：32-34.

[54] 王蕾 . 英语构词转类法与英汉翻译词汇转译法 [J]. 上海翻译，2006（3）：24-27.

[55] 王云萍 . 英汉委婉语的对比研究 [J]. 关东学刊，2018（2）：122-131.

[56] 魏晓红 . 英汉交际中的禁忌语文化研究 [C]. 外语教育与翻译发展创新研究（12）. 西南民族大学，2022.

[57] 吴欣 . 衣冠楚楚 中国传统服饰文化 [M]. 济南：山东大学出版社，2017.

[58] 吴智娟 . 许渊冲翻译美学思想浅议 [J]. 黑河学院学报，2024，15（4）：177-180.

[59] 夏文杰 . 中国传统文化与传统建筑 [M]. 北京：北京工业大学出版社，2018.

[60] 谢莉，王银泉 . 中国国际形象建构视域下的政治话语翻译研究 [J]. 外语教学，2018（5）：7-11.

[61] 谢旭升 . 特色汉英翻译教程 [M]. 乌鲁木齐：新疆大学出版社，2009：13.

[62] 谢旭升 . 图解说明英译谈 [J]. 中国科技翻译，2005（2）：57.

[63] 谢旭升 . 新疆旅游资料之我见 [J]. 语言与翻译，1997（4）：52.

[64] 许晓菁，郑千里 . 从《功夫熊猫》看转基因文化在动画影视中的运用 [J]. 装饰，2008（8）：86.

[65] 徐玉立，高存 . 乔治·斯坦纳阐释运作理论中的译者主体性 [J]. 英语广场，2018（3）：46-47.

[66] 许渊冲 . 文学与翻译 [M]. 北京：北京大学出版社，2003.

[67] 闫敏敏 . 从翻译目的论角度看《三国演义》罗译本的敬谦语翻译 [J]. 黄冈师范学院学报，2016，36（1）：61-63.

[68] 闫敏敏 . 敬谦语翻译的文化接受视角——以《三国演义》罗译本部分敬谦语的翻译为例 [J]. 湖北第二师范学院学报，2014，31（11）：115-118.

[69] 杨明星，李志丹 . “政治等效”视野下“窜访”译法探究 [J]. 中国翻译，2015，36（5）：88-92.

[70] 杨晓燕 . 英译汉中增译法的运用解析 [J]. 新一代（理论版），

2011（1）：234-235.

[71] 殷健，贺丽璇．跨文化交际视角下汉语禁忌语翻译策略研究——以《红高粱》葛浩文译本为例 [J]. 英语广场，2021（34）：45-47.

[72] 殷莉，韩晓玲．英汉习语与民俗文化 [M]. 北京：北京大学出版社，2007.

[73] 张岱年，程宜山．中国文化论争 [M]. 北京：中国人民大学出版社，2006.

[74] 张欢．浅析文化语境对诗歌英译的影响 [J]. 今古文创，2021（18）：123-124.

[75] 张健．外宣翻译导论 [M] 北京：国防工业出版社 2014.

[76] 张媛媛，成国良，孙振可，董辉．中国传统服饰文化与装饰工艺品研究 [M]. 北京：中国纺织出版社，2018.

[77] 张钰瑜．语义翻译与交际翻译在新闻标题翻译中的应用——以 China Daily 新闻标题翻译为例 [J]. 佛山科学技术学院学报，2007（6）：14.

[78] 张志春．中国服饰文化（第 3 版）[M]. 北京：中国纺织出版社，2017.

[79] 赵佩茹．从文化角度讨论中国菜名的英语翻译 [D]. 北京：中国地质大学（北京），2013.

[80] 中国社会科学院语言研究所词的编辑室．现代汉语词典（第 7 版）[Z]. 北京：商务印书馆，2015.

[81] 周丹，余演，谭燕保．中国服饰文化翻译 [M]. 武汉：武汉大学出版社，2021.

[82] 周洪宇，程启灏，俞怀宁，等．关于文化学研究的几个问题 [J]. 华中师范大学学报：人文社会科学版，1987（6）：12.

[83] 周晓茜．中国传统文化外宣翻译研究——以《美丽中国》为例 [J]. 文化创新比较研究，2022（12）：178-181.

[84] 周雪晨．翻译美学视角下看张培基的《中国现代散文选》：以冰心散文为例 [J]. 短篇小说（原创版），2018（9Z）：7-8，27.

[85]Baker, M. & Saldanha, G. *Encyclopedia of Translation Studies*[M]. London：Routledge，2020.

[86]Bassnett, Susan. *Translation Studies*[M].Shanghai：Shanghai Foreign Language Education Press，2004.

[87]Catford, J. *A Linguistic Theory of Translation*[M].London：

Oxford University Press, 1965.

[88]Eugene A. Nida. *Language Culture And Translating*[M]. Shanghai: Shanghai Foreign Language Education Press, 1993.

[89]Holz-Manttari, J. *Translatorisches Handeln: Theorie und Methode*[M]. Helsinki: Suomalainen Tiedeakatemia, 1984.

[90]Hu, G.engshen. Translation as Adaptation and Selection[J]. *Perspectives: Studies in Translatology*, 2003 (4): 278-291.

[91]Jakobson, R. On Linguistic Aspects of Translation [A]. Brower, R. A. (ed.). *On Translation* Cambridge: Harvard University Press, 195: 233.

[92]Kroeber A. L., Kluckohn C. *Culture: A Critical Review of Concepts and Definitions*[M].Cambridge: Peabody Museum, 1952.

[93]Newmark P. *A textbook of translation*[M].New York: PrenticeHall, 1988.

[94]Nida, E. A. *Toward a Science of Translating: with Special Reference to Principle and Procedures Involved in Bile Translating*[M]. Leiden: Brill, 1964.

[95]Nord, C. *Translating as a Purposeful Activity: Functionalist Approaches Explained*[M].Shanghai: Shanghai Foreign Language Education Press, 2001.

[96]Vermmer, H. Skopos and Commission in Translation Action[A]. In Venuti, L. (eds). The *Translation Studies Reader*. London and New York: Routledge, 2000.